KB117638

지적 허영을 위한

퇴근길
철학툰

지적 허영을 위한 퇴근길 철학툰 - 근현대 편

지은이 이즐라
펴낸이 임상진
펴낸곳 (주)넥서스

초판 1쇄 발행 2019년 2월 10일
초판 6쇄 발행 2021년 3월 22일

2판 1쇄 발행 2024년 5월 20일
2판 2쇄 발행 2024년 5월 25일

출판신고 1992년 4월 3일 제311-2002-2호
주소 10880 경기도 파주시 지목로 5
전화 (02)330-5500 팩스 (02)330-5555

ISBN 979-11-6683-876-7 03100

www.nexusbook.com

지적 허영을 위한

퇴근길 철학툰

이즐라 지음

근현대 편

Qrius

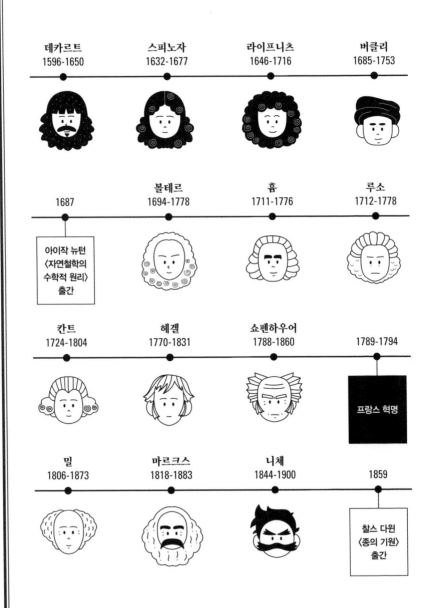

서양 근현대 철학을 이룩한 21인의 철학자

| 데카르트 1596-1650 | 스피노자 1632-1677 | 라이프니츠 1646-1716 | 버클리 1685-1753 |

| 1687 | 볼테르 1694-1778 | 흄 1711-1776 | 루소 1712-1778 |

아이작 뉴턴 〈자연철학의 수학적 원리〉 출간

| 칸트 1724-1804 | 헤겔 1770-1831 | 쇼펜하우어 1788-1860 | 1789-1794 |

프랑스 혁명

| 밀 1806-1873 | 마르크스 1818-1883 | 니체 1844-1900 | 1859 |

찰스 다윈 〈종의 기원〉 출간

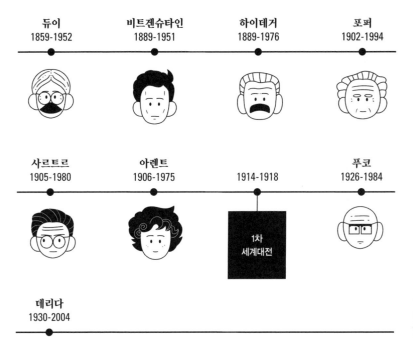

듀이
1859-1952

비트겐슈타인
1889-1951

하이데거
1889-1976

포퍼
1902-1994

사르트르
1905-1980

아렌트
1906-1975

1914-1918

푸코
1926-1984

1차
세계대전

데리다
1930-2004

01

철학책은 왜 읽는 걸까?

르네 데카르트

1596~1650

René Descartes

합리주의 철학의 시조이자 근대 철학의 창시자
결코 의심할 수 없는 확실한 것을 찾기 위해,
모든 것을 의심한 집요한 철학자

어렸을 때부터 아는 게 없었다.
학교에서 배우는 추상적인 지식은, 구체적인
인생에서 아무 쓸모없다고 생각했다.

많은 사람이 독서의 중요성을 강조하고
지식의 가능성을 긍정한다는 건 알고 있었지만,
현실적으로 어떻게, 왜 좋은지는 알 수 없었다.

지식을 쌓는다는 건 꿈을 꾸는 것과
비슷했다. 책을 읽으면 금세 잊어버렸다.

설사 기억에 남는 내용이 있다 해도, 기억하는
내용이 정확한지 확신할 수 없었다. 그렇다면 대체
독서나 지식 같은 게 무슨 의미가 있는 걸까.

지동설을 옹호하다 종교재판에 회부된
갈릴레오 시대의 유럽은, 지식의 가능성을
의심하는 '회의주의'가 유행하던 시대였다.

종교개혁과 르네상스의 영향으로 중세를
지배했던 신학이 흔들리자, 인간의 지성으로 진리를
파악할 수 없다는 체념적 인식이 자라난 것이다.

당시의 많은 사람들은 인간이 아무것도 아는 게 없다는 사실에
만족해야 한다고 생각했지만, 근대 철학의 아버지이자 합리주의의
창시자인 프랑스 철학자 데카르트는 그렇지 않다고 생각했다.

데카르트에게 인간의 감각과 경험은 불확실한
것이었다. 따라서 오직 이성을 통한 연역적 사유를 통해
아무도 의심할 수 없는 진리에 도달하고자 했다.

데카르트는 지금까지 당연하다고 생각했던 모든 개별적 지식을 의심하기 시작한다. 심지어 1+2=3이라는 수학적 계산도, 우리를 속이는 악마가 결과를 속일지도 모른다고 의심한다.

이렇게 모든 것을 철저하게 의심한 끝에 절대 의심할 수 없는 무언가를 발견하려 했던 데카르트의 집요한 방식을 '방법적 회의'라고 부른다.

데카르트는 모든 것을 의심한 끝에, 그동안 진실이라고 믿었던
지식 중에 확실한 것은 아무것도 없었다고 고백하기에 이른다.

하지만 그렇게 모든 것이 의심스럽다 할지라도,
의심하는 나 자신은 반드시 있다는 사실을 깨닫는다.
그리하여 철학 역사상 가장 유명한 명제가 탄생한다.

'나는 생각한다. 고로 존재한다'

데카르트는 의심의 여지가 없는 절대적 진리를 발견했다.
그리고 나는 데카르트의 위대한 발견을 알게 되었다.

그런데 이것이 내 인생에 무슨 쓸모가 있을까?
난 왜 철학책 같은 걸 읽는 걸까?

흔히 말하는 것처럼 훌륭한 인격을 기르고
사고력을 증진시키기 위해서? 솔직히 잘 모르겠다.

단순히 철학을 한다고 해서 그렇게 되진 않을 것 같다.
오히려 철학은 세상에서 가장 무용한 학문이라는 생각이 든다.

사실상 아무짝에도 쓸모없다. 그럼에도 불구하고
철학책을 찾아 읽는 이유를 가만히 따져 보았다.

실용적인 쓰임새는 중요한 것이 아니었다. 진리가
아니어도 상관없었고, 언젠가 잊어버려도 그만이었다.

단지, 새로운 지식을 알게 되었을 때의 짜릿함이 즐겁고,
지식이 쌓일수록 똑똑해지는 것 같은 착각이 기뻤다.

철학책을 읽고 있으면 자신이 뭔가
대단한 일을 하는 것 같아 흐뭇했다.

게다가 철학이라고 하면 멋있어 보였다.
어쩐지 이성에게 인기를 끌 수 있을 것만 같았다.

〈 지적 허영을 위한 퇴근길 철학툰 〉은 이런 속된 인간의
'무용한' 서양 철학 에세이다.

하고 싶은 이야기가 지난밤에 내린 눈처럼 쌓여있다.
늦기 전에 전부 쓸 수 있었으면 좋겠다.

02

어떤 철학자를 가장 좋아하세요?

Baruch Spinoza

철학적 자유를 위해 세속을 멀리하고
금욕적인 삶을 살았던 수줍은 렌즈 세공인

가장 좋아하는 철학자 한 명을 꼽으라면,
아마 잠시 망설이다가 스피노자라고 대답할 것이다.

주저 없이 선뜻 대답하지 못하는 이유는, 개인적으로 존경하는
몇몇 사람이 스피노자를 좋아하기에 나도 따라 좋아졌기 때문이다.

부끄럽지만 사실이다. 잘 알지도 못하면서 스피노자를
좋아한다는 취향을 패션처럼 걸치고 싶었던 것이다.

대체, 이런 식으로 무언가를 좋아해도 되는 걸까?

스피노자의 주요 저서인 〈에티카〉는
읽기 까다로운 철학서로 유명하다.

철학이 어려운 건 이론이 복잡하기도 하지만, 같은
단어라도 일상에서 쓰이는 의미와 철학에서 사용하는
의미가 다르기 때문이다. 스피노자의 철학도 그렇다.

〈에티카〉의 테마를 거칠게 요약하면,
'신을 사랑함으로써 구원에 이르는 방법'이라고 할 수 있다.

이렇게 말하면 스피노자의 철학은 신앙을 강조하는
종교적 복음으로 오해하기 쉽지만, 사실은 전혀 그렇지 않다.

스피노자의 신은 세속 종교에서 말하는 신과 전혀
다르기 때문이다. 스피노자의 신은 세계를 창조하고
인간을 굽어보는 유일신이나 인격신의 개념이 아니다.

그에게 신이란 목적이나 의도 없이 존재하는
거대하고 무한한 실체로, 세계나 우주,
자연 그 자체가 곧 신이라고 할 수 있다.

스피노자는 신에 대한 지적 사랑을 추구한다.
스피노자에게 사랑이란, 외적 원인을 인식하고
이해함으로써 느끼는 기쁨이다.

즉 〈에티카〉는 자연을 신으로 직관하고, 자연의 필연성을
인식하여, 자유를 얻고 행복에 도달하는 방법에 관한 책이라고
할 수 있다. 그렇다면 자연의 필연성이란 무엇일까?

우리는 보통 인간에게 자유 의지가 있다고 생각하지만,
스피노자에 따르면 그렇지 않다. 사과나무에서 포도가 열릴 수
없고, 하늘을 향해 던진 돌은 물리 법칙의 영향을 받는다.

자연이 자연법칙을
따르는 것처럼 인간도
본연의 법칙, 즉
이성에 따라야 해.

만물은 자연법칙대로 존재하기 마련이고, 인간 역시
자연의 일부이므로 개인의 정념이나 의지 역시 만물의
필연적인 법칙에 따라 존재한다는 이야기다.

근대
합리주의자답게
이성을 굳게
믿는군.

아삭

이렇게 인간을 자연의 필연성 속에서 이해할 수 있다면, 세계와 수동적이고 부자유스럽게 마주하는 것이 아니라 능동적이고 자유스럽게 마주할 수 있다는 것이 스피노자의 주장이다.

스피노자는 이렇게 신의 본질을 인식하여 자유를 획득하는 것이 최고의 선이고, 이것이 곧 행복이라고 이야기하며 〈에티카〉를 끝맺는다.

스피노자를 좋아하게 된 동기야 어쨌든, 덕분에 그에 대한
관심이 생겨났다. 생각해보면 무엇인가를 좋아하는 마음은,
대부분 대상에 대해 제대로 모를 때부터 시작되었던 것 같다.

주변에서 칭찬하는 사람에게 호감이 생겼고, 어쩌다 한 번 듣게
된 음악에 마음이 끌렸으며, 우연히 소유한 물건에 애착이 자랐다.

어쩌면, 이해에 앞서 감정이 반응하는 것도 스피노자가 말한
자연의 필연성일지도 모르겠다. 실제로 무엇인가를 좋아한다는
감정은, 사소한 계기에서 시작되곤 하니까 말이다.

스피노자는 신을 사랑하지 않을 수 없다고 말한다. 그리고 신에
대한 지적 사랑을 통해 더없는 행복에 이를 수 있다고 믿었다.

보통 철학책에서 〈에티카〉를 다룰 때 중요하게 여기는 것은,
신에 대한 스피노자의 독창적 관점이다. 하지만 내가 흥미롭게 느꼈던 부분은
스피노자가 신에 대한 사랑을 이성적 방법으로 추구한다는 점이다.

스피노자에게 있어 신에 대한 사랑이란 인식과 이해를
통한 실천이었으며, 앎이란 사랑의 실천이자 기쁨의 원천이었다.

즉, 관심 있는 무언가에 대해 알아가는
즐거움이 사랑이라면, 무언가를 사랑하는 사람은
무언가에 대해 궁금해하는 사람이다.

그렇다면 더 많이 사랑하고 더 많이 이해할수록,
우리 인생은 보다 행복해지는 게 아닐까?

03

낙관주의자, 그리고 비관주의자

고트프리트 라이프니츠
• 1646~1716 •

Gottfried Wilhelm Leibniz

주체할 수 없는 즐거움으로
열정적인 삶을 살았던 만능 재간꾼

인생과 미래에 대한 태도로 낙관주의자와 비관주의자를
구분한다면, 나는 가벼운 비관주의자이다.

「비관론자의 특징」

● 미래를 다소 밝게 전망하되
  현재와 과거를 비슷한 수준
  으로 불행하다고 생각.
  ● 좋은 일은 남 덕분,
  가끔 있는 일로 치부.
● 나쁜 일은 내 탓, 항상
  있는 일이라고 생각. *

* 나무위키, "낙관주의와 비관주의"

인류나 세계의 미래는 지금보다 나아질 거라고 생각하지만,
자신의 앞날은 현재만큼만 지속되어도 다행이라 생각한다.
인생에서 일어난 좋은 일은 우연이고 나쁜 일은 필연이라
생각한다. 경미한 우울증을 종종 감기처럼 앓는다.

나무위키의 설명이
맞다면 난 확실히
비관주의자겠군.

이렇게 그늘진 인간이지만, 종종 재채기 같은 개그를
구사하기 때문에 웃긴 사람이라는 이미지도 강하다.
그래서인지 낙관적인 사람으로 보는 친구도 많다.

하지만 정말 낙관적인 사람은 유머 감각이 아니라
세계관에서 드러난다. 라이프니츠는 근대 서양
철학사에서 가장 낙관적인 세계관을 가진 인물이다.

라이프니츠는 데카르트 그리고 스피노자와 함께 대륙의 합리주의 철학자 3인방 중 한 명이다. 그는 어려서부터 다양한 학문에 관심을 보였고, 수많은 분야에 업적을 남겼다.

라이프니츠 철학의 시작은 실체가 무엇인지 규정하는 일이었다.

라이프니츠는 존재를 무한히 나누어 더 나눌 수 없는
무언가가 실체라고 생각했으며 이를 '단자(모나드)'라고 불렀다.

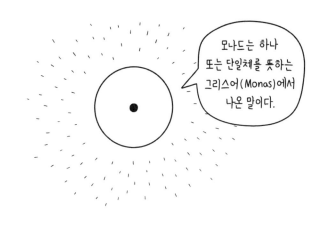

그는 우주가 무수한 단자로 이루어져 있다고 주장했다.
얼핏 생각하면 원자와 비슷해 보이지만, 라이프니츠의 단자는
물리적인 속성을 지닌 실체가 아니라 정신적인 실체를 의미한다.

여기서 말하는 실체의 개념은, '만물의 배후에
독자적으로 존재하는 무한하고 영원한 무엇'으로 정의된다.

그렇지만 현실에서 각각의 존재는 상호작용을
하기도 하고 서로에게 영향을 미치기도 한다.
라이프니츠는 이러한 모순을 신의 존재를 끌어들여 해결한다.

각각의 단자는 신이 창조한 목적이 예정되어 있어 독립적으로
활동하지만, 그 활동이 모두 조화를 이루기 때문에 마치
서로에게 영향을 미치는 것처럼 보인다는 것이다.

따라서 지금 존재하는 이 세계는 신이 지휘하는
가능한 최선의 교향악적 세계다. 그렇다면 세상에
존재하는 죄악은 어떻게 설명될 수 있을까?

신이 창조한 세상은 필연적으로 불완전할 수밖에 없다.
왜냐하면 세상이 완전하다면 피조물조차 신과 같아지기 때문이다.

따라서 불완전한 피조물에겐 어느 정도의 불협화음이 생길
수밖에 없으며, 이 또한 전체적인 관점에서 조화의 일부라는 것이다.

라이프니츠는 이 세상의 불완전한 부분마저 긍정하며,
세상은 이미 최선의 상태로 정해져 있음을 낙관적으로 논증한다.

현재의 세상이 최선의 세상이라는 라이프니츠의 주장은
정교한 철학 이론이라기보다 환상적 기대에 가까워 보인다.

제임스 브랜치 캐벌이라는 소설가는 이런 말을 남겼다.

현대 심리학에선 과도한 낙관주의가 만능은 아니라고
경고한다. 지나친 낙관은 현실 감각을 결여시키기 때문이다.

자신의 미래에 대해 부정적인 정보를 습득했음에도
낙관적인 편견에서 벗어나지 못한다는 것이다.

'스톡데일 패러독스'로 유명한 제임스 스톡데일, 미 해군 장교의
일화 역시 낙관의 역설을 이야기한다. 그는 포로로 잡혀 감금되었던
시절을 기술하며, 그런 상황을 견디지 못해 죽은 사람은 비관주의자가
아니라 불필요하게 상황을 낙관한 사람들이었다고 말한다.

☆ James Bond Stockdale ☆

스톡데일은 언젠가는 여기서 나갈 수 있다는
믿음을 견지하되 눈앞의 현실을 냉정하게
받아들이는 합리적 낙관주의를 강조한다.

일반적으로 낙관론자는 각자의 영역에서 성공할 확률이
높으며 더 건강하다고 알려져 있다. 그리고 그 밖의
대부분 상황에서 비관론자보다 행복하다고 한다.

나는 낙관주의자가 부럽다.
그렇지만 낙관주의자가 되려고
일부러 노력하고 싶진 않다.

거창한 이유가 있는 건 아니다. 단지 낙관주의자보다
비관주의자가 더 멋져 보이기 때문이다. 나는
항상 있어 보이는 쪽에 속하려는 허영덩어리다.

04

인식과 존재의 상관관계

조지 버클리

• 1685~1753 •

George Berkeley

보이는 것만 실재한다는 상식 밖의 주장으로
흥미로운 생각거리를 던져준 신실한 성직자

내가 아는 건 세상의 극히 일부이며,
모르는 건 세상의 거의 모든 것이다.

세상은 아직, 본 적 없는 생물, 가지 못한 장소,
읽지 않은 책, 먹지 못한 음식으로 가득하다.

앞으로도 죽을 때까지 존재조차 모르고 지내게 될 무수한
실체들을 상상하다 보면 이런 생각이 든다. 평생, 보거나 듣거나
만지거나 먹거나 냄새를 맡지 못한 무언가가 있다면, 어쩌면
그것은 나에게 존재하지 않는 것과 마찬가지 아닐까?

17~18세기 아일랜드의 철학자
조지 버클리는 이런 질문을 던졌다.

근대 서양 철학의 주요 화두는 인식론에 관한 물음이었다.
'인간에게 앎이란 어떻게 가능한가?'라는 질문을 두고
유럽의 철학자와 영국의 철학자는 대립된 주장을 펼쳤다.

합리주의자들은 '이성'을 통해 진리에 도달할 수 있다고 확신했지.

반대로 영국에서는 후천적인 경험을 통해 지식을 획득할 수
있다고 믿는 '경험주의'가 유행했다. 조지 버클리는 존 로크,
데이비드 흄과 함께 영국의 대표적인 경험주의 철학자 중 한 명이다.

↑   ↑
존 로크   데이비드 흄

버클리는 관찰과 경험에 의한 인식을 추구하는 경험론자면서, 정신과 관념만을 실제 존재하는 것으로 인정하는 관념론자이기도 하다.

그리고 교회의 주교이기도 하지. 어흠.

영국 경험론의 창시자인 로크는, 인간이 경험하는 외부 대상의 성질에 대해 제1성질과 제2성질로 나눠 구분했다.

John Locke
1632 - 1704

제1성질은 사물 자체의 특성으로 크기, 모양, 위치, 길이 등을
가리키는 객관적 성질이고, 제2성질은 인간의 인식을 통한 특성으로
질감, 색, 소리, 맛, 향기 등을 가리키는 주관적 성질이다.

버클리는 로크의 기본적인 견해는 받아들이지만, 사물을
제1성질과 제2성질로 구분할 이유가 없다며 비판한다.
제1성질을 인식하는 것도 제2성질과 마찬가지로 결국
인간의 주관적인 감각기관에 의지하기 때문이다.

버클리는, 인간이 사물의 객관적인 본질을 아는 것은
불가능하다고 생각했다. 인간은 사물을 직접 지각한다고 생각하지만,
사실상 지각을 통해 형성된 사물의 관념을 인식할 뿐이다. 버클리는
이러한 자신의 견해를 한마디로 요약하여 이렇게 말한다.

그렇지만 버클리가 사물의 실재성을 부정하려는 것은 아니었다.
그의 의도는 유물론에 맞서 '물질적 실체'를 부정하려는 것이었다.

버클리는 물질이 의미를 띠는 것은 그것이 지각될 때뿐이며,
우리가 아는 것은 감각이 만든 관념일 뿐이라고 주장한다.

물질은 추상적으로
존재하지만, 정신은
구체적으로 존재하지.

버클리에게 있어서 외부 대상은 지각 주체에 의존해서 존재한다.
인간은 외부 대상을 자신의 감각기관을 통해서 인식하고, 그렇게
인식된 관념을 통해서만 대상을 논할 수 있으므로, 실제로 우리가
알 수 있는 것은 정신 속에 존재하는 관념이라는 이야기다.

정신과 관념은
인정한다. 그러나
나머지 외부 세계에
대해선 이러쿵저러쿵
가정할 수 없다.

직관에 반하는 버클리의 주장은 당시 많은 사람의 빈축을 사기도
했다. 버클리에 따르면 눈앞에 보이는 사물도, 눈을 감으면 존재하지
않는 것이라고 말할 수 있다. 지각되지 않는 건 존재하지 않기 때문이다.

▲ 새뮤얼 존슨
18세기 영국의 시인

버클리는 누군가 지각하지 않아도 엄연히 존재하는
외부 세계에 대해 이런 설명을 덧붙인다.

세계는 신이 지각한 관념 체계이며, 따라서 사물의
모든 질서와 법칙도 신에 의한 것이란 이야기다.

버클리가 던진 질문으로 돌아가 보자. 숲에서 나무가
쓰러질 때 소리를 들을 사람이 아무도 없었다면,
이 나무는 쓰러질 때 소리를 낸 것인가?

양자역학에 의하면 누군가에 의해 관측되기 전 입자는
무엇이든 가능한 상태로 동시에 존재하며, 하나의
상태로 결정되는 건 관측에 의해서라고 한다.

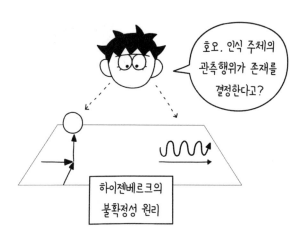

또한 김춘수 시인의 <꽃>이란 시는,
첫 구절을 이렇게 시작한다.

이 시의 첫 문장 역시, 인식과 존재의 의미를 생각하게
만든다는 점에서 버클리의 철학과 묘하게 닮았다.

그렇다면 내가 분홍색 깃털을 가진 새의 존재를
새롭게 알게 된 것에는 무슨 의미가 있는 걸까?

버클리는 지각 대상을 가리켜, 존재하는 것은
지각되는 것이라고 말했다. 그렇지만 나는 지각
주체에 초점을 맞춰, 이렇게 이야기하고 싶다.

대상은 인식됨으로써 의미를 넓히고, 개인은 인식함으로써 내면을
넓힌다. 나라는 소우주는 새로운 인식만큼 확장되기 때문이다.

05

관용에 관하여

Voltaire

18세기 계몽주의의 마스코트
이기적인 정치권력과 옹졸한 교회권력에 맞서
평생을 투쟁한 용맹한 프랑스 작가

토마스 모어가 <유토피아>를 통해, 누구나 하루 6시간 일하고,
자유롭게 공부하며 지내는 평등한 나라를 상상했다면, 내가 상상하는
유토피아는 문화적 다양성이 수용되는 평화로운 나라다.

일상에서 누군가 가시를 두르고 논쟁을 벌이는 모습을 마주칠
때면, 한 발짝 물러나 나만의 유토피아로 고개를 돌렸다.

개인적으로 도저히 동의할 수 없는 주장에 직접 부딪혔을 땐
뾰족하게 반박하기보단 동그랗게 넘어가기 바빴다.

관용에 관한 가장 유명한 문구인, '나는 당신의 의견에 반대한다.
그러나 나는 당신의 말할 권리를 위해 죽을 때까지 싸우겠다.'
라는 구절은 볼테르가 한 말로 알려져 있다.

볼테르의 본명은 '프랑수아 마리 아루에'이며 볼테르라는 이름은
그의 수많은 필명 중 하나였다. 볼테르는 프랑스의 작가이자
철학자로 이중적인 성격과 혼란스러운 삶으로 유명하다.

이탈리아에는 르네상스가
있고, 독일에는 종교개혁이
있으며, 프랑스에는
볼테르가 있다.

▲ 빅토르 위고
19세기 프랑스 작가

볼테르가 살던 시대의 프랑스는, 영국의 명예혁명과
프랑스혁명 사이에서 변혁을 추구하던 불안정한 시기였다.

외적으론 성장
했지만, 절대주의
시대의 낡은 구체제를
유지하고 있었다.

볼테르는 온갖 특권을 누리던 귀족에 대한 재치 있는
풍자로 유명했다. 그는 한 사교모임에서 귀족과
마찰을 빚어 바스티유 감옥에 갇히기도 했다.

영국으로 추방된 볼테르는 신세계를 경험한다. 신에 의지하지
않고 자연을 설명하는 뉴턴의 물리학과, 인권과 평등을
주장하는 로크의 정치철학은 볼테르에게 커다란 충격이었다.

볼테르는 모국으로 돌아와 영국의 사상을 햇빛처럼
쏟아부었고, 프랑스 지식인들이 영국의 이념을
흡수하면서 '계몽주의'가 싹트기 시작했다.

계몽주의는 이성을
통해 스스로 생각하는
능력을 강조하는
지적 운동이지.

프랑스 계몽주의자들은 가톨릭과 절대왕정을 비판하고,
근대적인 지식을 통해 민중을 계몽하려는 〈백과전서〉를
편찬한다. 〈백과전서〉는 루소와 볼테르를 비롯한 당대
최고의 석학과 지식인들이 참여한 방대한 저작이다.

〈백과전서〉는
프랑스혁명에도 큰
영향을 미쳤다고
한다.

〈백과전서〉의 공동 편집자인 디드로는 이 책이 지식의 모음에 불과한 것이 아니라 사람들의 생각을 변화시키기 위한 것임을 강조했다. 〈백과전서〉는 2권이 나올 때부터 금서로 지정되었고, 우여곡절을 거쳐 힘들게 나머지 책들을 출간하게 된다.

권력에 대한 조롱과 비판으로 다시 프랑스에서 쫓겨난 볼테르는, 어느 후작 부인의 성으로 피신했다가, 프로이센에 갔다가, 스위스 페르네로 넘어가는 등 여러 곳을 전전하며 지낸다. 볼테르가 망명한 지역은 그의 명성 탓에 인구가 몇 배로 늘기도 했다.

희곡과 소설, 역사서를 집필하며 지내던 볼테르는
노령의 나이에 접어들어 운명적인 사건을 만나게 된다.
이른바 '칼라스 사건'으로 한 신교도가 가톨릭으로 개종하려는
아들을 죽였다는 누명을 쓰고 억울하게 처형된 사건이다.

당시에는 구교도들이
신교도를 잔인하게
박해하던 일이 빈번했지.

신교에 대한 가톨릭의 잔인한 탄압에 커다란 충격을 받았던
볼테르는, 칼라스 사건을 변호하며 〈관용론〉을 집필한다. 지금까지
볼테르가 풍자와 농담으로 온건하게 권력을 비판했다면,
이때부터 그는 격렬하고 공격적인 투쟁을 선언한다.

파렴치를
타도하라!

볼테르는 권력과 결탁하여 갖가지 특권을 누려온 기독교를
철저하게 증오했으며, 기독교 교리의 모순을 끈질기게 파헤쳤다.

볼테르의 종교적 입장은 '이신론자'였다. '이신론'은 만물을
창조한 신의 존재는 믿지만, 신이 교회나 계시를 통해
세상에 직접 개입하진 않는다고 믿는 사상이다.

볼테르가 하고자 했던 것은 미신과 종교를 엄격하게 구분함으로써, 무분별한 종교적 광신주의로부터 교회를 구해내는 것이었다.

교회는 분별력을 더 가질 것이고, 박해는 점점 줄어들 것이다.

볼테르가 〈관용론〉에서 궁극적으로 주장한 가치는 관용이었다. 종교적 편견과 맹신에 저항하고, 자유로운 인간의 믿음을 존중하라고 주장한 것이다.

자네는 스스로 관용적인 인간이라고 생각하나?

네?

볼테르는 매우 복잡하고 다층적인 인물이었다. 권력을 비판하기도 했지만, 권력에 편승하여 이익을 취하기도 했다. 방탕하고 신경질적이기도 했고, 지갑을 털어 약자를 도와주기도 했다.

볼테르는 자신의 주장처럼 관용적인 인물이었을까?

관용이 서로의 생각을 끝까지 존중하고 사상의 다양성을 무한히 인정하는 것이라면, 관용을 주장한 볼테르는 독단적인 기독교에 대해서도 관용을 베풀었어야 했던 게 아닐까?

그러니까 불관용에 대해서도 관용할 수 있어야 진짜 관용 아닐까?

이에 대하여 20세기 오스트리아 출신 영국 철학자
칼 포퍼는 관용의 역설을 지적하며 이렇게 말했다.

▲ KARL POPPER
1902 - 1994

포퍼에 의하면 불관용에 대한 불관용, 즉 불관용에
대한 적극적인 투쟁이 곧 관용이라는 이야기다. 그리고
그것은 볼테르가 가장 열정적으로 했던 일이기도 하다.

지금까지 나는 내가 관용적인 사람이라고 생각했다.
하지만 나의 소극적인 태도는 너그러움을 가장한
무관심이었고, 이해를 빙자한 무지에 불과했다.

타인과의 갈등을 극도로 두려워하는 내가, 불관용에
맞서 볼테르 같은 용기를 낼 수 있을진 모르겠다.
그렇지만 적어도 옳지 않은 일을 외면하는 태도가
쿨한 관용이라고 착각하진 말아야겠단 생각이 든다.

06

욕망과 현실 사이

데이비드 흄

1711 ~1776

David Hume

영국 경험론을 낭떠러지로 몰아붙여
차가운 회의주의로 떨어뜨린 스코틀랜드 출신 철학자

내가 최초로 건드린 철학책은, 동네 도서관에서 만난
〈서양 철학사〉라는 단순한 제목의 빨간색 책이었다.

그동안 쌓아온 독서력만 믿고 무턱대고 덤벼들었는데,
생각보다 어려워서 몇 장 넘기다 포기하고 말았다.

그 책을 포기했던 건 내용이 어렵기도 했거니와,
철학이란 학문이 일상과 괴리된 추상적이고 모호한
관념에 불과하단 느낌 때문이기도 했다.

18세기 영국의 철학자 데이비드 흄은, 기존의
철학에 대해 나와 비슷한 문제의식을 느낀 인물이었다.

스코틀랜드 에든버러에서 태어난 흄은 어렸을 때부터 문학,
역사, 철학에 몰두했다. 책을 지나치게 많이 읽은 나머지
신경쇠약에 걸렸고, 의사로 부터 '학자병'이라는 진단을 받았다.

<인성론>은 흄의 가장 중요한 저작이다. 흄은 경험론을
극단까지 추구하여, 가장 완성된 형태로 다듬었다.

흄은 지각을 '인상'과 '관념'으로 구분했다. 인상은 오감을 통한 직접적인 감각이고, 관념은 인상에 관한 기억이라고 할 수 있다.

로크와 버클리는 관념으로 모든 표상을 설명했어.

책을 읽을 때 글씨를 보는 것, 종이의 질감, 페이지 넘기는 소리가 '인상'이라면, '관념'은 책을 읽었을 때를 떠올리며 내용이 어려웠다거나 책장 넘기는 소리가 좋았다는 것에 대해 기억하는 것이다.

인상은 관념의 원인이고, 관념은 인상의 복사본이다.

흄은 어떤 관념이 하나의 인상에 대응하지 않는다면, 진리로서 가치가 없다고 생각했다. 예를 들어, '페가수스'라는 생물은, 말의 인상과 날개의 인상을 조립하여 만들어낸 관념일 뿐, 페가수스에 대응하는 하나의 인상은 존재하지 않으므로 허구에 불과하다는 것이다.

진리로서 가치를 따지려면, 먼저 그 관념이 어떤 인상에서 유래했는지를 밝혀야 해!

흄은 관념을 분석하는 자신의 방법론을 이용하여 '자아'의 실체도 부정했다. 자아라는 것은 자신에 대한 다양한 지각에 불과할 뿐, 배후에서 독립적으로 존재하는 실체 같은 것은 없다는 이야기다.

우리가 물질적 실체에 대해 알 수 없듯이, 정신적 실체 역시 추론할 수 있는 근거가 없다.

흄은 자아의 실재성을 도려낸 후, 나아가
인과관계의 법칙에 메스를 들이댄다. 흄에 의하면
인과관계의 필연성은 결코 인식될 수 없다.

흄은 당구공을 예로 들어 설명한다. 하얀 공이 굴러가
빨간 공에 맞아 빨간 공이 움직였다면, 우리는 하얀
공의 타격이 빨간 공을 움직인 원인이라고 생각한다.

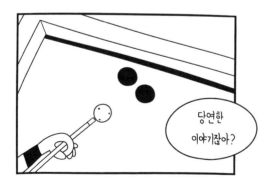

하지만 우리가 지각한 것은 하얀 공이 빨간 공에 맞았다는 현상과
빨간 공이 움직였다는 현상을 경험했을 뿐,
인과관계라는 관념 자체를 경험한 것은 아니다.

훔은, 인간이 인과관계를 인식하는 것은 반복된
경험을 통한 정신적 습관에서 비롯된다고 주장한다.

그렇다고 흄이 자연 현상에 대한 지식을 부정하려 했던 건
아니었다. 흄은 인과관계를 통한 인식의 실천적 효용성은
인정한다. 다만 신중하게 적용해야 한다는 것이다.

20세기의 영국 철학자 버트런드 러셀은
〈철학의 문제〉라는 책에서 재미있는 이야기를 남겼다.
"평생 닭의 모이를 주던 농부가 결국에는 닭의 모가지를 비튼다."

흄은 인과관계의 필연성을 부정함으로써,
인식의 기초를 흔들어 놓았다.

흄의 극단적인 경험론은 냉정한 회의주의로 귀결되었지만,
인간의 본성에 관해선 긍정적인 견해를 제시하기도 했다.

먼저 그는, 도덕이란 이성에서 나오는 것이
아니라 감정에서 나오는 것이라고 주장한다.

특히 흄이 도덕적 판단에서 중요하게
생각하는 감정은 인간의 '공감 능력'이다.

흄은, 비록 개인의 감정은 주관적이지만,
인간이 지닌 공감 능력은 보편적이기에, 그에 따라
보편적인 도덕 원칙도 가능하다고 생각했다.

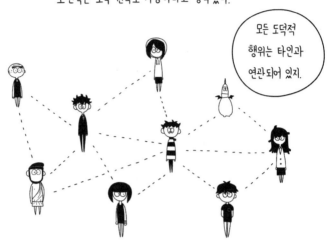

모든 도덕적
행위는 타인과
연관되어 있지.

흄은 철학자로서는 날카로운 회의주의자였지만,
자연인으로서는 낙천적이고 온화했으며 평판도 좋았다.

'그의 회의주의에
가장 큰 힘을 실어
주는 건, 현란한 주장보다
상냥한 성격이다.'*

※ 프레드 반렌트 글,
라이언 던래비 그림, 최영석 옮김,
「만화로 보는 지상 최대의 철학 쇼」,
다른, 2013, p156

실제로 그는 자신의 학문적 방향과 타고난 기질
사이에서 괴리를 느껴 괴로움을 토로하기도 했다.

그럼에도 불구하고, 흄은 자신의 이론을 끝까지 밀고 나갔다.
그러니까 나도 자신의 욕심을 끝까지 추구해도 괜찮지 않을까 싶다.

↑ 읽다가
포기했던 책

07

여긴 어디? 나는 누구?

장 자크 루소

•1712~1778•

<u>Jean-Jacques Rousseau</u>

먼지보다 예민하고, 바람처럼 쓸쓸하며
무덤같이 음산한 떠돌이 철학자

'인성 논란이 끝이지 않는 사람이 만든 걸작을 어떻게
평가할 것인가'라는 주제는 흥미로운 논쟁거리다.

위대한 예술 작품을 남긴 창작자의 삶이 그다지
훌륭하지 않은 경우는, 예술가의 사생활을
다룬 책을 조금만 훑어봐도 쉽게 찾을 수 있다.

새삼스럽게 창작자와 창작물의 관계에 대해 생각해보게 된 것은,
스위스 제네바에서 태어난 장 자크 루소의 삶과 철학 때문이었다.

Jean-Jacques Rousseau

1712 - 1778

일반적으로 프랑스 계몽주의 사상을 이야기할 때, 삼권분립을
주장한 몽테스키외에서 출발하여 종교적 관용을 설파한 볼테르를
지나, 인민주권을 호소한 루소로 도착하여 끝을 맺는다.

계몽주의에서 몽테스키외나
볼테르가 빠진 책은 봤어도
루소가 빠진 책은 드물지.

루소는 태어날 때부터 혼란스러웠다. 어릴 적
제대로 된 교육을 받지 못한 채, 여러 곳을
방랑하며 폐렴처럼 스산하게 살았다.

'그리하여 이제 나는
나 자신 이외에는
형제도, 이웃도, 친구도,
어울리는 사람도 없이
이 지상에서 외톨이다.'＊

＊장 자크 루소 지음, 조명애 옮김,
「고독한 산책자의 몽상」,
은행나무, 2014 , p9

불우한 유년기를 거쳐, 절대 왕정 말기의 비틀거리는 프랑스에
정착한 루소는 모순적인 인물이었다. 그는 계몽주의에서 가장 중요한
인물이지만, 이성에 반대하고 감정을 옹호한 반계몽주의자이기도 하다.

그렇기 때문에
루소는 낭만주의자로
분류되기도 하지.

루소가 세간의 주목을 받게 된 계기는 '예술과 학문의
발전은 도덕의 향상에 기여했는가?'라는 학술 논제에,
〈학문 예술론〉이 당선되면서부터였다. 루소는 이 논문에서
예술과 학문이 오히려 인간성을 타락시켰다고 주장한다.

이어서 루소는 두 번째 논문인 〈인간 불평등 기원론〉을
발표한다. 이 논문에서 루소는 자연 상태의 인간은 자유롭고
평등했지만, 문명이 발달하고 사유 재산이 생기면서 예속과
복종의 상태로 전락했다는 독창적인 견해를 내놓는다.

루소의 주장은 문명을 포기하고 원시 상태로
되돌아가자는 것이 아니다. 제도의 변화를 통해, 이상적인
자연 상태에서 누리던 자유와 평등을 되찾자는 이야기다.

루소는 〈사회 계약론〉에서 그 해답을 제시한다.
〈사회 계약론〉을 설명하기 위해선, 루소 철학에서 가장
난해한 '일반의지'라는 추상적인 개념을 먼저 이해해야 한다.

루소는 개인의 특권을 포기하고 자신의 권리를 공동체에
이양하여, 모두가 '일반의지'에 종속되는 대등한 입장을 제안한다.

'일반의지'는 선거로 표현된다. 따라서 국가 권력은
'일반의지'에서 비롯되어야 하며, '일반의지'를 추구해야 한다.

전체주의적 성격과 민주주의적 성질을 동시에 갖춘
루소의 사회계약 개념은 '자유, 평등, 박애'의 기치로
이어져 프랑스혁명의 사상적 지주가 되었다.

비록, 볼테르도
루소도 혁명을 직접
목격하진 못했지만 둘 다
많은 영향을 끼쳤지.

〈사회 계약론〉만큼이나 중요한 저작인 〈에밀〉은
〈사회 계약론〉과 같은 해에 발표된 저작으로,
루소의 자연주의적 교육관이 담긴 소설이다.

'우리는 어린이의 입장에서
생각할 줄 모르기에 그들의
생각을 이해할 수 없으며,
그들에게 우리의 생각을
주입할 뿐이다.'

루소는 〈에밀〉을 통해 강제하지 않는 자유로운 교육을
강조하며, 자연이 가장 훌륭한 교육 환경임을 이야기한다.

〈에밀〉은 오늘날의 교육을 돌이켜봐도 여전히
의미 있는 혁명적인 작품이다. 하지만 정작 루소 자신은,
자신의 다섯 아이를 모두 고아원에 내다 버렸다.

정말 루소가 도덕적으로 타락한 협잡꾼이었다면, 〈에밀〉의
가치도 다시 평가되어야 하는 걸까? 만약 저자와 저서가
분리될 수 없다면, 루소가 집필한 걸작은 인정할 수 없을 것이다.

그렇다면 같은
기준으로, 성인군자가
만든 졸작은?

반대로 창작자와 창작물을 구분한다면, 작가의 인성과 저작의
가치는 개별적으로 평가될 것이다. 즉 위대한 저서를 쓴 사람이
파렴치한이라 할지라도, 작품은 그 자체로 인정해야 한다는 이야기다.

아무리 대단한 걸작을 썼다
한들, 작품의 위대함을 방패 삼아
작가에게 면죄부를 줘서는
안 된다는 뜻이기도 하지.

이성적으로 생각하면 저자와 저서를 구분하는 게 타당하다고 생각한다. 하지만 공적인 판단을 요구하는 자리에서 창작자와 창작물을 분리하는 것은 부당하게 느껴지기도 한다.

루소의 삶과 철학은 모순적이다. 그리고 나 역시 앞뒤 안 맞는 말과, 겉과 속이 다른 감정이 불안하게 뒤섞인 모순덩어리요, 다중인격자다.

루소의 명성은 드높았지만, 그의 삶은 불안정했다. 당대 계몽사상가들과 틀어졌고, 교회와 정부의 탄압을 받았으며, 피해망상과 우울증에 시달렸다.

루소처럼 예민한 사람이 그런 삶을 어떻게 제정신으로 버틸 수 있었겠어.

루소는 이곳저곳을 먼지처럼 떠돌다가 노년에 이르러 간신히 시골 농원에 내려앉았다. 그는 그곳에서 식물학에 빠져들게 되었고, 채집과 산책을 즐기다 조용히 숨을 거둔다.

프랑스혁명 이후 팡테옹*으로 이장되었다고 한다.

＊프랑스 영웅들이 묻힌 국립묘지

루소의 사후에 발간된 <참회록>은 자연 그대로의 자기
모습이라고 선언한 자서전이다. 그는 이 책을 통해 자신이 저지른
배신, 도둑질, 중상모략 등에 대한 이야기뿐 아니라 여성에게
볼기짝을 맞으며 쾌감을 느낀 일까지 서슴없이 고백한다.

철학사에서 루소만큼 평가가 다층적인 인물도 드물다.
볼테르는 온갖 욕설을 퍼부었고, 칸트는 초상화를 걸어두고
존경했으며, 러셀은 히틀러에 비유하기도 했다.

나는 루소를 떠올리면 그의 삶처럼 당황스럽다.

가증스럽지만 존경스럽고, 꺼림칙하지만 애잔하다.

공교로운 건, 나 자신에게 느끼는 감정 역시 그렇다는 것이다.

08

나는 내가 천재인 줄 알았다

임마누엘 칸트 I
1724 - 1804

어렸을 땐 내가 천재인 줄 알았다. 적당히 찍었는데 반에서 아이큐가 가장 높게 나오기도 했고, 대충 그린 그림으로 전국 미술 대회에서 수상하기도 했다.

더욱 놀라운 건 성인이 되어서는 어떠한 두각을 드러내지 못했는데도, 여전히 천재라고 굳게 믿었다는 점이다.

18세기 프로이센의 철학자 임마누엘 칸트는
근대 서양 철학사에서 가장 중요한 인물이다. 혹자는
서양 철학사를 통틀어 가장 중요한 철학자로 꼽기도 한다.

확실한 건 칸트를
빼고 서양 철학사를
논할 수 없다는 거지.

Immanuel Kant
◇ 1724 - 1804 ◇

흔히 칸트를 저수지에 비유하여, '칸트 이전의 모든
철학은 칸트로 흘러 들어갔고 칸트 이후의 모든 철학은
칸트로부터 갈라져 나왔다'라고 말하기도 한다.

'철학은 두 번 다시
예전의 단순한 시대처럼
소박해질 수 없을 것이다.
칸트가 있었기 때문이다.'*

* 한스 요아힘 슈퇴리히 지음, 박민수 옮김,
「세계 철학사」, 이룸, 2008, p664

칸트는 위대한 명성과는 반대로 평탄하고 단조로운 삶을
살았다. 평생 고향인 쾨니히스베르크 근처를 벗어나지
않았고, 언제나 정해진 시간표대로 생활했다.

칸트의 규칙적인 생활은 수학처럼 정확했다. 마을 사람들이
칸트의 산책 시간에 맞춰 시계를 맞췄다는 일화는 유명하다.

칸트는 오랜 시간을 가정교사와 강사로 생활했다. 1770년에 이르러 대학교수직에 올랐고, 이때부터 본격적인 철학 탐구가 시작되었다.

근대 철학사에서 가장 영향력 있는 저작인 〈순수이성비판〉은 그의 나이 57세에 출간되었다. 〈순수이성비판〉은 중요한 만큼 난해하기로도 유명하다.

〈순수이성비판〉은 근대 철학의 주요 화두인 '인식론'에 관한 책이다. 칸트는 라이프니츠의 영향을 받은 합리주의자였으나, 흄을 읽고 독단의 잠에서 깨어났다고 한다.

지금까지 합리론자들은 경험으로 파악할 수 없는 부분에 대해 독단적인 판단을 내렸다!

모나드라든가, 신이라든가.

그렇다고 칸트가 경험주의자로 돌아선 것은 아니었다. 칸트는 흄의 사상을 받아들이지만, 동시에 흄의 회의론을 극복하고자 했다. 흄에 의하면, 뉴턴이 발견한 과학적 지식도 원칙적으론 무의미하기 때문이었다.

인식이 경험에서 비롯된다는 주장은 옳다.

하지만 경험과 무관한 인식을 통해 지식을 쌓는 일도 가능하다!

칸트는 '경험과 무관한 인식을 통해 보편타당한 지식을 쌓을 수 있다는 것'을 입증함으로써, 새로운 인식론을 정립하고자 했다. 이 말을 칸트의 용어를 빌어 표현하면 이렇게 말할 수 있다. '선험적 종합판단은 어떻게 가능한가?'

흐음..

'선험적'이란, 경험 이전에 주어진 것으로 '선천적' 또는 '초월적'과 비슷한 말이라고 생각하면 된다. (엄밀히 말하면 다르지만.)

칸트는 판단을 '분석판단'과 '종합판단'으로 구분한다. '분석판단'이란 주어의 개념에 술어의 개념이 포함되어 있는 것을 말한다. 예를 들어 '원은 둥글다'라는 명제는 '원'이라는 주어에 '둥글다'라는 술어의 개념이 이미 포함되어 있으므로 분석판단이다.

분석판단은 경험과 관계없이 알 수 있고 필연적이지만, 지식을 확장해주진 않는다.

'종합판단'은 주어에 술어의 개념이 포함되지 않은 것이다.
예를 들어 '원은 노랗다'라는 명제는 '원'이라는 주어에
'노랗다'라는 개념이 포함되어 있지 않으므로 종합판단이다.

종합판단은 경험을
통해 확인할 수 있기에
지식을 확장해주지만,
필연성이 보장되진 않는다.

따라서 '선험적 종합판단'이 가능하다면, 인간은 경험과 무관하게
확실한 지식을 획득할 수 있게 된다. 그렇기 때문에 '선험적 종합판단은
어떻게 가능한가?'라는 질문은 순수이성비판의 주제가 되었다.

'순수이성'은 선험적인
인식의 원리를 가진
이성을 뜻하고,

'비판'은 분석
및 검증의 의미지.

칸트는 선험적 종합판단을 가능하게 만드는 인식의
구조를 설명한다. 칸트는 인간이 인식 대상을 수동적으로
받아들이는 것이 아니라, 인간이 가지고 있는 인식의 틀에
맞춰서 능동적으로 받아들인다는 이론을 제시한다.

전통적인 인식론에선, 앎이란 인식 주체의 바깥에 있는 외부
실체로부터 오는 것으로 생각했다. 그러나 칸트는, 반대로
인식 능력이 외부 대상을 구성한다고 생각했다.

칸트에 의하면, 인식은 '감성'과 '오성'으로 이루어진다.
'감성'은 오감으로 지각한 외부 자료를 받아들이는 능력이고,
'오성'은 외부 재료를 해석하여 사고하는 능력이다.

칸트는 '감성' 작용이 일어날 때, 시간과 공간이라는 형식
안에서 대상을 경험한다고 말한다. 즉, 모든 감각 자료는
시간과 공간이라는 틀 속에서 인식된다는 것이다.

이렇게 받아들인 감각 자료는 오성의 열두 가지 선험적인 '범주'를 통해 개념화되어 최종적으로 인식된다. 인간의 인식은 감성과 오성이 협력하여 완성된다. 그렇기 때문에 칸트는 이렇게 말한다.

직관 없는 사유는 공허하고, 개념 없는 직관은 맹목적이다.

그동안 합리주의자들은 '직관 없는 사유'에 매몰되었고, 경험주의자들은 '개념 없는 직관'에 매달렸다. 이렇게 칸트는 오랫동안 대립을 이루던 대륙 합리론과 영국 경험론의 종합을 이룬다.

호오

칸트는 〈순수이성비판〉을 통해, 적어도 인식의 틀에 '현상'으로 나타나는
세계에 대해선 보편적이면서 필연적인 지식을 얻을 수 있음을 증명했다.

칸트의 사상은 흄의 회의주의에 맞서 학문적 지식의 가능성을 열었다.
그리고 철학의 패러다임을 바꾸어 놓음으로써, 독일 관념론과 실증주의
그리고 현상학에서 실존주의에 이르기까지 여러 사조에 영향을 미쳤다.

칸트는 확실히 위대하다. 그렇지만 나는 적당히 평범하다.
예전에는 꿈만 크게 가지면 대단한 사람이 될 줄 알았다.

뛰어난 능력을 갖춘 사람의 목표와 평범한 재능을 가진
사람의 목표는 다를 수밖에 없다. 그렇기 때문에
작가로서 나의 목표는 성공이 아니라 생존이다.

성공을 향해 달리는 사람은 성공하기 전까지 불행하다. 그러나 생존이
목적인 사람은 달릴 수 있는 것만으로도 행복하다. 그러므로 화려하진
않아도 하고 싶은 이야기를 그릴 수 있다면, 지금 나는 행복하다.

09

먼저 인간이 되어라

임마누엘 칸트 Ⅱ
• 1724 - 1804 •

Immanuel Kant II

인간의 의무와 권리에 관해
가장 설득력 있는 도덕 이론을 제시한 엄격한 사상가

천재라는 말은 재능을 칭송하는 뜻이기도 하지만, 노력을 폄훼하는 뜻이 되기도 한다. 그렇기에 신중하게 사용해야 할 용어이지만, 칸트에게 천재란 수식은 중력 같은 것이다.

흔히 칸트의 철학을 '비판 철학'이라 칭한다. 칸트의 비판 철학은 〈순수이성비판〉을 거쳐 〈실천이성비판〉과 〈판단력비판〉을 함께 살펴봐야 어렴풋하게나마 전체를 이해할 수 있다.

칸트는 정신에 드러난 '현상'에 대해선 인식할 수 있다고 보았지만, '물자체'를 직접 인식하는 것은 불가능하다고 생각했다.

따라서 칸트는 신, 자유, 영혼의 불멸 같은 개념을 단정하는 전통적인 형이상학을 비판한다. 그렇지만 칸트는 형이상학적 물음에 대한 답을 갈구하는 본능이 존재하며, 이는 피할 수 없는 욕구라 여겼다.

칸트는 인간이 인식하는 존재인 동시에 행동하는 존재라고 주장했다. 우리는 자연법칙이 지배하는 세계에 속한 동시에 실천적인 도덕의 세계에서 살아가기 때문이다.

〈실천이성비판〉은 '우리는 무엇을 해야 하는가'를 묻는 책으로, 인간의 도덕에 대해 탐구한다. 칸트는 실천이성을 통해 보편적이고 필연적인 도덕 법칙에 도달하고자 하였다.

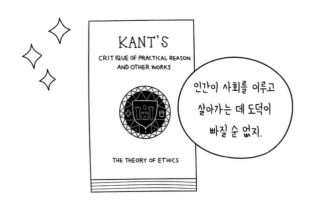

그동안의 전통적인 도덕은 종교에 의해 설명되었다.
하지만 칸트는 신을 끌어들이지 않고 오직 이성을
통해 도덕의 원칙을 찾을 수 있다고 확신했다.

칸트가 살던 시대는
계몽주의가 정점에
달하던 시기였어.

칸트는 인간의 도덕적 가치는 결과에 있는 것이 아니라
동기에 있다고 생각했다. 어떤 행동이 선한 결과를
가져왔다 하더라도, 동기가 선하지 않으면
그 행동은 도덕적일 수 없다는 것이다.

내가 말하는 동기는
착한 마음이나 선한
성향과도 무관하지.

그럼 어떤
동기를 가져야
하나요?

도덕적으로 의미가 있는 동기는 '선의지'에서
우러나와야 한다. 칸트에게 '선의지'란 단지 옳다는
이유로 옳은 행동을 하는 '의무'를 뜻한다.

예를 들어, 누군가 불쌍하다는 이유로 남을 도와주어도 도덕적인
행동이라 할 수 없다. 칸트에 의하면 '타인을 돕는 것이 옳기 때문'이라는
도덕적 의무에 따라 행동해야만 도덕적이라고 할 수 있다.

또한 칸트는 도덕적인 행동은 자율적인 행동이어야 한다고
말한다. 여기서 칸트가 말하는 자율의 개념은, 방해받지
않고 마음대로 행동할 수 있다는 의미가 아니다.

그럼 무슨 뜻이지?

칸트는 스스로 자신에게 부과한 법칙에 따라 행동하는 것을
'자율'로 여겼으며, 자연적 필연성이나 기호, 욕망 같은
원인에 따라 행동하는 것을 '타율'로 보았다.

난 이러한 자율이
인간의 삶을 존엄하게
만들어준다고 믿는다.

그렇다면 스스로 자신에게 부과해야 할 도덕 법칙이란 어떤 것일까? 칸트의 말대로 도덕이 법칙이고 의무라면 그것은 요구의 성격을 띤 명령의 형태로 표현되어야 했다.

칸트에 따르면 이성이 의지에 명령하는 방법에는 두 가지가 있다. 하나는 '가언 명령'이다. 가언 명령은 조건부 명령이다.

나머지 하나는 '정언명령'이다. 정언명령은 조건 없는 명령이다.
칸트는 오직 정언명령만이 도덕법칙이 될 수 있다고 생각한다.

칸트는 도덕의 두 가지 정언명령을 이야기한다. 첫 번째
정언명령은 도덕 철학에서 널리 회자되는 유명한 구절이다.

즉, 나의 행동 규칙을 누구에게나 똑같이 적용해도
옳은 것일 수 있도록 행동하라는 이야기다.

두 번째 정언명령은 '인간을 수단이 아니라 목적으로
대하라'라는 것이다. 인간을 자신의 이익이나 목적을 위한
도구가 아니라 인간 그 자체를 존중하라는 이야기다.

철저하고 까다로운 도덕 법칙을 내세운 칸트는
'좋았다!'라는 마지막 말을 남기고 떠났다. 그의
묘비에는 〈순수이성비판〉의 이런 구절이 새겨져 있다.

'더 자주, 더 깊이 생각할수록
언제나 놀라움과 경외심을
주는 두 가지가 있다. 하나는
내 머리 위의 별이 빛나는
하늘이며, 다른 하나는
내 마음속의 도덕법칙이다.'

도덕법칙에 대한 존경과 경탄으로 평생을 살았던 칸트를 생각하면,
숭고한 마음이 드는 동시에 부끄러운 마음도 든다. 지금까지
도덕에 대해 깊이 생각해본 적이 한 번도 없기 때문이다.

도덕 같은 건 학창
시절에나 공부하는
고리타분한 잔소리라고만
생각했으니까.

칸트는 쾌락을 좇고 고통을 피하려는 욕망은
동물에게도 있지만, 이성을 추구하는 능력은
인간에게만 있기 때문에 동물과 구별된다고 생각했다.

도덕에 대한 고민 없이, 더 좋은 것, 더 편한 것만
생각했던 나는, 결국 동물이나 다를 바 없었던 것이다.

칸트가 제시한 기준은 몹시 엄격하고 매우 이상적이다.
그렇기 때문에 보통의 평범한 사람에겐
칸트의 윤리가 지나치게 가혹한 것도 사실이다.

다만 내가 현실적으로 할 수 있는 건, '어떻게 하면 더 성공할 수
있을까'를 고민하는 100분의 1만큼이라도 '어떻게 하면 더 좋은
사람이 될 수 있을까'를 고민해 보는 것이 아닐까 싶다.

10

어쩌면, 어른이 된다는 건

게오르크 헤겔

★ 1770 - 1831 ★

Georg Wilhelm Friedrich Hegel

변증법으로 세상의 발전 법칙을
마술적으로 설명한 신묘한 해결사

나이만 먹는다고 누구나 '성숙한' 어른이 되는 건 아니다. 하지만 나는
다른 사람과 다르다고 생각했다. 내가 어른이 되면 세상 돌아가는
이치도 꿰뚫어 보고, 뽐낼 거리가 생겨도 고개를 숙일 줄 알며,
누군가 잘되면 진심으로 기뻐할 수 있는 사람이 될 줄 알았다.

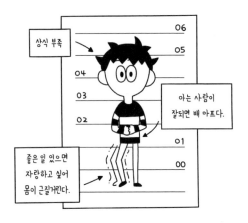

언제부터인가 오래 서 있다 앉으면 절로 신음 소리가 난다.
물리적인 나이는 어른이 되었지만, 정신 연령은 아직도 늦은 사춘기를
졸업하지 못했다. 대체, 정신의 성장은 어떤 식으로 가능한 걸까?

철학에서 성장이나 진보의 방식을 가장 설득력 있게 제시한 사람은,
18~19세기 독일 철학자 게오르크 빌헬름 프리드리히 헤겔이다.

▲ Georg Wilhelm Friedrich Hegel
〈1770 - 1831〉

현재의 독일 남부에 위치한 슈투트가르트에서 태어난 헤겔은, 신학
대학에 입학하여 철학자 셸링과 시인 횔덜린을 만났다. 그 후 강사,
신문 편집, 김나지움의 교장직을 거쳐 하이델베르크 대학의 교수가 되었고,
2년 후 베를린 대학의 교수로 취임하면서 헤겔의 전성기가 시작되었다.

헤겔도 처음부터 빛을
본 케이스는 아니었군.

헤겔의 철학은 인류의 정신사뿐만 아니라 역사, 정신, 자연,
예술 등 다양한 분야를 다룬다. 그의 철학은 아리스토텔레스와
토마스 아퀴나스에 비할 만큼 방대하기로 악명 높다.

그렇기 때문에 헤겔의 철학은 그가 구축한 체계가 아니라, 체계를
구축하기 위해 사용한 방법으로 이해하는 것이 일반적이다.

헤겔은 독일 관념론의 시초인 칸트를 계승한
인물이지만, 칸트의 철학에서 인간의 인식 너머
존재하는 물자체에 대해선 비판적으로 접근한다.

헤겔은 칸트가 제한한 이성의 한계에서 과감한 도약을 시도했다.
우리의 이성이 현상계를 넘어 물자체에 닿을 수 있다고 생각한 것이다.

이성이 실재하는 세계를 아우르기 위해 헤겔이 주창한
개념이 바로 '절대정신'이다. 절대정신은 모든 개별
이성을 포함하는 거대한 신(神)적 이성이다.

헤겔은 관념론자였던 만큼 세계의 본질은 정신이고, 물질은
정신에 의해 나타난다고 생각했다. 따라서 절대정신은
세계를 인식할 뿐만 아니라 현실을 주관하고 구성한다.

절대정신은 인식의 근원이자 자연과 역사의 과정이며, 모든 것은
절대정신을 향해 발전한다. 헤겔은 이러한 절대정신의 존재 원리와
발전 방법을 설명하기 위해 '변증법'이라는 논리를 도입한다.

소크라테스나 칸트도
변증법이란 용어를 사용했으나
각각 다른 의미를 지닌다.

변증법?

헤겔 철학의 토대를 이루는 변증법은, 사랑의 과정을 통해
그 실마리를 발견했다. 거칠게 설명하면 이런 과정이다.

먼저, 사랑의 주체인 자기 자신이 있다. 여기서 나는 스스로를 세움으로써 '긍정'한다. 그리고 사랑에 빠진 내가 있다. 사랑에 빠진 나는 사랑하는 사람에게 스스로를 내어주고 자신에게 멀어짐으로써 자신을 '부정'한다.

나는 사랑의 대상 앞에서 낯선 자신을 경험하고, 이를 통해 자신을 의식한다. 결국, 나는 사랑하는 사람을 통해 자신을 잊음으로써 '새로운 자신을 되찾게 되는 것'이다.

헤겔은 '긍정 – 부정 – 부정의 부정'의 도식으로
자신의 변증법을 표현했다. 헤겔은 이러한 사랑의
과정이 삶의 모든 것을 드러낸다고 생각했다.

일반적으로 헤겔의 변증법을 설명하는 가장 흔한 방법은
정(테제) – 반(안티테제) – 합(진테제)의 형식으로 풀이된
기술이다. 간단하게 말하면, 어떤 명제가 모순되는 명제와
만나 결합함으로써 질적인 도약을 이루는 방식이다.

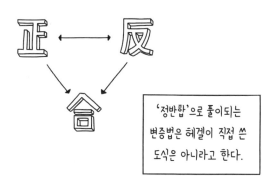

'정반합'으로 풀이되는
변증법은 헤겔이 직접 쓴
도식은 아니라고 한다.

단순하게 예를 들어, 대륙의 합리론이 정립이라면 영국의 경험론은
반정립으로 볼 수 있으며, 이 두 사상은 칸트에 종합되어 '지양'된다.

이렇게 지양된 개념은 새로운 정립을 이루고, 또 다른 반정립을
만나 다시 종합을 이룬다. 헤겔은 이러한 과정이 되풀이되면서
인간의 정신과 현실의 역사가 진보한다고 믿었다.

헤겔에게 역사의 진보란 자유의 확대를 의미하는
것이었고, 역사에서 영웅의 출현은 절대정신의 발현으로
보았다. 그렇기 때문에 헤겔은 자신의 나라를
침략한 나폴레옹을 보고 이렇게 말할 수 있었다.

오늘날 헤겔의 절대정신은 시큰둥하게 취급되지만,
변증법의 원리는 비판적으로 계승되어 후대 철학자들에게
영감을 불러일으키는 중요한 개념이 되었다.

다만 변증법으로 세계의 모든 존재 원리를 설명할 수 있는 건 아니다.
실제 현실에선 현상의 대립물이 논리적으로 도출되는 건 아니기 때문이다.

명제는 반박하면
그만이지만, 기관총은
그렇지 않다.

▲ 에른스트 윙거
19~20세기 독일 작가

하지만 적어도 어떤 것의 변화를 이론적으로 설명하는
유용한 사고방식 중 하나임에는 틀림없을 것이다. 그렇다면
개인의 내적 성장도 변증법으로 설명할 수 있지 않을까?

기존의 앎이 정명제가 되고 다르거나 모순되는
지식은 반명제로 작용하여, 개인의 정신도 대립하는
두 명제의 종합으로 지양된다는 식으로 말이다.

그동안 나는 한 가지 주제에 깊이 천착하면 자연스럽게
성장한다고 생각했다. 하지만 진정한 성장은, 반대와 모순을
끌어안을 줄 아는 열린 태도에서 시작되는 것일지도 모르겠다.

11

별은 어둠 속에서 빛난다

우리 주위에 분명히 드러나 보이는 세계의 고통과 혼돈,
열정 그리고 악에 대해 이야기한 첫 번째 철학자
_칼 구스타프 융

인간은 본능적으로 쾌락을 추구하고 불쾌를 회피한다.
그렇다면 우리를 불쾌하게 만드는 어두운
이야기는 굳이 하지 않는 편이 좋은 걸까?

인생이 왜
비극인 줄 알아?

그런 건
별로 알고
싶지 않거든?

이런 질문을 던지는 건, 이번에 이야기하고 싶은 인물이
염세주의의 대명사인 쇼펜하우어이기 때문이다.

모든 삶의 역사는
고통의 역사다.

Arthur Schopenhauer
♠1788-1860♠

철학 이론보다 괴팍한 성격과 기이한 행동으로 더 유명한 '아르투어 쇼펜하우어'는 폴란드 북부에 위치한 도시 단치히에서 태어났다. 쇼펜하우어는 물려받은 재산으로 평생을 경제적인 걱정없이 살 수 있었고, 덕분에 하고 싶은 이야기를 누구의 눈치도 보지 않고 주장할 수 있었다.

쇼펜하우어의 유년은 절친한 친구의 자살과 존경하던 아버지의 죽음, 그리고 어머니와 불화로 우울하고 고독했다. 나이가 들어 출간한 자신의 주저 <의지와 표상으로서의 세계>는 팔리지 않았고, 자신이 맡던 대학 강의는 학생이 없어 폐강되었다.

153

쇼펜하우어는 사람보다 개를 더 좋아했으며, 특히
여성을 격렬하게 혐오했다. 쇼펜하우어에게 삶은 불쾌한
것이었고, 불쾌한 삶은 곧 그의 철학적 주제가 되었다.

헤겔을 비롯한 당시 많은 독일 철학자들이 그랬듯이, 쇼펜하우어
역시 칸트가 남긴 숙제인 '물자체'를 비판하면서 출발한다.

쇼펜하우어는 자기 자신을 통해 물자체를 인식할 수 있다고
생각했다. 먼저 그는 우리의 몸이 경험되는 두 가지 방식을 설명한다.

우리는 자신의 몸이나 행동을
외부 대상 (표상) 으로서 지각하기도
하지만, 행동을 추동하는 내부의
'의지'로서 경험하기도 한다.

쇼펜하우어에 따르면, 신체를 움직이려는 의지(손을 흔들고 싶은 마음)와
의지에 따라 행동하는 자신의 몸 (흔드는 손) 은 다른 방식으로
경험되는 동일한 세계다. 현상으로 지각되는 신체의 '본질'이
의지라면, 의지가 곧 물자체라는 것이 쇼펜하우어의 생각이다.

나의 신체, 즉 나 자신이
의지로 이루어진 물자체라면,
세계의 본질 역시 의지이다!

쇼펜하우어의 대표 저작인 <의지와 표상으로서의 세계>에서
제목이 의미하는 것은, 세계는 의지와 표상으로
분리된 것이 아니라 의지인 동시에 표상이라는 뜻이다.

쇼펜하우어가 말하는 '의지'는 상식적으로 쓰이는
의미보다 훨씬 넓은 개념이다. 그가 말하는 의지는
만물의 운동과 변화를 낳는 근원적인 힘을 뜻한다.

자연에서 작용하는 의지는 물리적이거나 화학적이지만,
생명체에게 의지란 무의식적인 생의 의지로 드러난다.
인간의 의지는 자기 보존의 욕구와 생식 본능을 갖고 있다.
이 말은 곧 의지의 작용은 충동과 욕망이란 뜻이다.

우리를 지배하는 건
이성이 아니라 의지다.

이성은 의지의
도구일 뿐.

그렇기 때문에 쇼펜하우어에게 인생은 고통스러운
것이었다. 인간의 욕망은 충족되기 어렵기도 하거니와,
설령 충족된다 한들 새로운 욕망이 다시 생기고,
지속적으로 충족되어도 권태를 느낄 뿐이기 때문이다.

'종의 보존이라는 목적이
실현되고 나면 정욕은
일종의 망상에 지나지
않는다는 것을 안다.'*

'그리고 개인은
자기가 종의 의지에
속았다는 것을
알아차린다.'*

※ 이동희, 「세상에서 가장 흥미로운 철학 이야기
근현대편」, 휴머니스트, 2010, p216

또한, 세계의 근원적 의지는 인간을 떠밀며 갈등과 대립을 부추긴다.
쇼펜하우어에 의하면 세계는 끊임없는 싸움과 투쟁으로 그득하다.

그는 행복을 고통의 부재로 여겼으며, 일시적으로 찾아오는
소극적인 개념으로 보았다. 그렇기에 쇼펜하우어는 낙관론을
인간의 고뇌를 조롱하는 장난감 정도로 취급했다.

그렇다면 인간은 이렇게 고통스러운 삶의 굴레에서
영원히 벗어날 수 없는 걸까? 쇼펜하우어는
불행한 삶을 극복하는 두 가지 방법을 제시한다.

그가 제시한 첫 번째 방법은 '예술'이다. 쇼펜하우어에게
진정한 예술은 '영원한 관념'에 대한 탐구였고, 현실의
관념에서 벗어나 영원한 관념에 몰두함으로써
일시적인 고요를 느낄 수 있다고 생각했다.

예술이 일시적인 해결책이라면 근본적인 해결책은
무엇일까. 쇼펜하우어는 인간이 궁극적으로
고통에서 벗어날 방법으로 '해탈'을 제안한다.

고통을 겪는 타인에게 이입하여 그들과 한 몸이라고 느끼게
된다면, 개별성을 초월하여 자신의 의지를 부정할 수 있다는 것이다.
즉, 금욕을 통한 열반의 경지에 이름으로써 의지를 극복하는 방법이다.

의지의 지배를 강조한 쇼펜하우어의 철학은, 니체와 베르그송 같은 철학자뿐만 아니라 프로이트나 융 같은 심리학자에게도 영향을 미쳤다.

오늘날 우리는, '개인의 행동이나 사고가 자신이 통제할 수 없는 요인에 의해 영향을 받는다'라는 이야기를 여러 분야에서 쉽게 접할 수 있다. 이에 따르면 인간은 우리가 보통 생각하는 것만큼 자유로운 존재가 아닐 수도 있다.

쇼펜하우어의 의지와 마찬가지로 내가 선택하지
않은 것에 의해 자신의 행동이 규정된다는 이론은,
인생을 공허한 비극처럼 느끼게 만든다.

인간에게 영향을 미치는 무엇이 분명 존재하고, 또
그것들이 어찌할 수 없는 삶의 실존적인 조건이라면,
우리는 이러한 사실을 어떻게 받아들여야 하는 걸까.

이에 관해서 신경과학자 샘 해리스는 <자유 의지는 없다>
라는 책에서 이런 글을 남겼다. '자신의 사고와 감정의 배경
원인에 민감해지면, 역설적으로 자기 인생에 창조적인
통제력을 훨씬 더 크게 행사할 수 있게 된다.'

내 의식에 영향을
미치는 게 무엇인지 알고 나면,
오히려 보다 능동적인 행동이
가능하다는 이야기군.

'맹목적인 의지에 종속되어 고통받을 수밖에 없는 인간'이라는
쇼펜하우어의 세계관은 다분히 어둡고 충충하다. 하지만 오히려
그렇기 때문에 발견할 수 있는 삶의 진실도 분명 존재하는 법이다.

어둠 속에서만
눈에 띄는 별처럼.

12

이성에게 자유를, 감성에게 포용을

존 스튜어트 밀

● 1806~1873 ●

John Stuart Mill

정서의 결핍을 문학과 사랑으로 채운 지적인 철학자

내가 본격적으로 책 읽기에 취미가 생긴 건 성인이 되고
한참이 지난 뒤였다. 그래서인지 어려서부터 독서에 흥미를
붙이고 일찍부터 많은 책을 읽은 사람이 부러웠다.

예를 들면, 학식이 뛰어난 부모님의 애정 어린 교육으로
3살에 그리스어를 배우고, 7살에 플라톤을 읽으며,
10대가 지나기 전에 고전을 섭렵하며 자랐다면 어땠을까.

그렇게 자란 사람이 현실에 있기나 할까? 놀랍게도 있다!
19세기의 영국 철학자 존 스튜어트 밀이 바로 그 주인공이다.

덧붙이면 8살에
라틴어를 배웠고, 12살엔
유클리드를, 그리고 13살엔
애덤 스미스를 공부했지.

◆ John Stuart Mill ◆
◇ 1806-1873 ◇

밀의 아버지 제임스 밀은 철학자이자 경제학자, 역사학자였다.
제임스 밀은 아들의 교육을 아동기까지 직접 책임졌다.

내가 특출날 수
있었던 건 전부
아버지 덕분이었어.

제임스 밀은 '공리주의'의 창시자인 제러미 벤담과 가까운
사이이자 공리주의의 신봉자였다. 그러므로 아버지의 영향을 받은
존 스튜어트 밀이 공리주의를 받아들였던 건 자연스러운 일이었다.

공리주의란 쾌락을
선이자 행복으로 보고,
'최대 다수의 최대 행복'을
추구하는 사상이다.

◀ 제러미 벤담
영국의 철학자
1748 - 1832

벤담은 쾌락을 측정하여 더욱 많은 쾌락을 낳는
행위가 도덕적으로 옳다고 생각했다.

결과와 무관하게
동기를 강조하는
칸트의 윤리와
정반대되는 주장이군.

나중에 밀은 벤담의 공리주의를 세련되게 다듬어 발전시킨다.
즉, 쾌락의 양을 우선하던 벤담의 공리주의에서
쾌락의 질을 추구하는 '질적 공리주의'를 제시한 것이다.

밀이 아버지의 교육에서 벗어나 스무 살이 되었을 땐, 이미 문필가로서
명성을 누리고 있었고, 안정된 직장도 갖고 있었다. 그런데 그는
이 시기에 심각한 신경쇠약을 앓아 정신적 무기력 상태에 빠지게 된다.

지나치게 이성의 발달을 강조한 나머지, 그 시기에 겪어야 할
정서적 경험을 하지 못했던 것이다. 그렇기 때문에 밀은 지적으론
뛰어났지만 제대로 감정을 느끼거나 표현하는 데 어려움을 겪었다.

절박한 정신적 위기에 시달렸던 밀을 치유했던 것은
다름 아닌 예술이었다. 문학 작품을 통해,
그나마 남아 있는 내면의 감정을 발견한 것이다.

밀은 감성이 이성 못지않게 중요하다는 사실을 깨달았으며, 이때부터
문학에 관심을 기울이기 시작한다. 하지만 그의 삶에 진정한 행복을
안겨준 것은 예술이 아니라 해리엇 테일러라는 여성이었다.

Harriet Taylor
✿1807-1858✿

테일러는 여성인권 운동가이자 자유주의 철학자였으며, 두 아이를
가진 유부녀이기도 했다. 그 때문에 두 사람은 오래도록 플라토닉한
만남을 이어가다가, 테일러의 남편이 죽고 2년이 지나서야 결혼하게 된다.

그녀와 결혼하기
위해 20년
넘게 기다렸다네.

하지만 행복했던 결혼 생활은 그녀의 죽음으로 7년 만에 끝이 난다. 그리고 밀의 철학에서 테일러의 흔적은 영원히 남게 되었다. 그녀는 밀에게 사랑을 나누는 삶의 반려자이기도 했지만, 지적 자극을 주고받는 학문적 동반자이기도 했다.

그녀는 나를 뛰어넘는 훌륭한 사상가이자, 내 삶의 영광이며 축복이었어.

밀의 가장 유명한 저서인 〈자유론〉 역시 테일러와 공동으로 집필한 작품이라고 한다. 밀은 자유론에서 개인의 자유를 강력하게 옹호함과 동시에 자유의 한계를 명쾌하게 규정했다.

개인의 자유는 다른 사람에게 폐를 끼치지 않는 한 최대한 보장되어야 한다.

따라서 타인에게 해를 끼치는 것을 막기 위한
경우를 제외하고는, 구성원의 자유를 침해하는 국가의
어떤 권력 행사도 정당하지 않다고 생각했다.

밀은 기본적인 자유의 영역을 세 가지로 설명한다. 양심과 사상의
자유, 좋아하는 것을 추구할 자유, 결사의 자유가 그것이며, 자유로운
사회는 이 세 가지 자유를 원칙적으로 존중하여야 한다고 주장한다.

밀은 〈자유론〉 출간 이후에도 여러 저서를 발간하였다. 그는 주변의
권유로 어쩔 수 없이 하원의원 선거에 출마하기도 했는데,
독특한 공약을 내세웠음에도 불구하고 보란 듯이 당선되었다.

공약 1. 선거운동은 하지 않겠다.
공약 2. 지역구의 이익을 대변하지도 않겠다.
공약 3. 남성과 동등한 여성의 권리를 주장하겠다.

John Stuart
Mill

밀은 의원 시절, 영국 최초로 여성 참정권 청원서를 제출하기도 했다.
유럽에서 제일 먼저 시민혁명을 겪고 가장 빠르게 민주주의를
이룩한 나라인 영국은 1918년에서야 여성의 참정권을 인정한다.

밀이 죽고 45년
후니까, 당시에는 그만큼
파격적인 주장이었지.

급진적인 정책을 펼쳤던 밀은 재선에 실패한 뒤, 다시 집필에 몰두한다.
이 시기에 발간한 〈여성의 종속〉은 1세대 페미니즘 이론으로, 여성의 삶을
제한하는 요소를 제시하고 양성의 평등을 주장하는 내용이 담겨있다.

그 후, 밀은 사회주의에 관한 책을 집필하지만, 병에 걸려 완성하지
못했다. 그는 평생 존경하고 사랑했던 부인의 옆자리에 나란히 묻혔다.

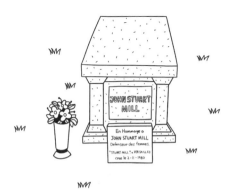

밀은 어려서부터 훌륭한 지적 환경을 통해 합리적 이성과 논리적 지성을 발달시킬 수 있었지만, 그것이 그에게 행복을 가져다주진 않았다. 인간의 삶은 이성과 지식만이 전부가 아니기 때문이다.

밀은 근대 철학과 현대 철학 사이에 위치한 철학자였다. 이성과 합리성을 강조했던 것이 근대철학이라면, 현대철학은 근대철학에 대한 반성과 비판에서 출발한다. 맹목적인 이성의 부작용을 경험했던 그의 삶이 철학사에서 의미심장하게 느껴지는 건 단순히 기분 탓일까?

13

왜, 아직도 마르크스를 찾을까?

카를 마르크스

1818 - 1883

Karl Heinrich Marx

힘없고 가난한 사람들을 위해 세상을 바꾸려 했던
열성적 혁명가

영국의 공영방송 BBC는 설문조사를 통해, 지난 천 년 동안
가장 큰 영향력을 끼친 책으로 〈자본론〉을, 지난 천 년 동안
가장 위대한 사상가로 마르크스를 꼽은 적이 있다.

아인슈타인, 뉴턴, 다윈, 칸트를 제치고 수많은 사람이
마르크스를 가장 위대한 사상가로 꼽는 이유는 무엇일까?

철학자이자 역사학자, 경제학자 그리고 혁명가였던
카를 마르크스는 1818년에 프로이센에서 태어났다.

학창 시절의 마르크스는 <직업 선택에 관한 어느 젊은이의 고찰>이란
글에 일찍이 자신의 인생관을 드러냈다. '지위를 선택할 때 우리를
이끌어주어야 할 주요한 요소는 인류의 행복이며 우리 자신의 완성이다.'

마르크스 철학의 기본이자 시작은 헤겔이다. 마르크스는 '생성과 소멸을 반복하는 역사적 과정으로서의 세계'라는 변증법의 원리를 받아들이되, 헤겔 철학의 근본인 관념론은 받아들이지 않았다.

역사 발전이 절대정신 같은 정신적인 개념으로 이루어진다는 건 인정할 수 없어.

마르크스는 헤겔의 문제점을 지적했던 청년 헤겔파 '루트비히 포이어바흐'의 견해에 동의한다. 포이어바흐는 세계의 근본적 실재는 '절대정신'이 아니라 '인간'이라고 주장하며, '유물론'을 제시한 철학자이다.

▲ Ludwig Feuerbach
1804 - 1872

마르크스는 인간 중심의 철학자 포이어바흐를 지지하면서도, 인간에게
중요한 것은 사변적인 문제가 아니라 사회 속에서 행동하는 인간의
실천적인 문제라고 지적한다. 마르크스는 이론의 힘과 현실성을 실천의
문제로 보았고, 자신의 사상을 행동하는 철학으로 정립시킨다.

마르크스는 헤겔의 변증법과 포이어바흐의 유물론을 비판적으로
종합하여 '변증법적 유물론'이라는 역사관을 제시한다. 그는
〈공산당 선언〉에서 인간의 역사란 계급투쟁의 역사라고 이야기한다.

'생산력'은 사회의 물질적 발전 정도로 생산 수단에 따른 생산 수준을 뜻하고, '생산관계'는 생산 수단의 소유 관계를 비롯하여 생산 과정에서 맺어지는 모든 관계를 의미한다. 따라서 계급은 생산관계에 의해 결정된다.

주인과 노예, 귀족과 농노, 자본가와 노동자가 그렇지.

특정 시대의 사회는 생산력과 생산관계가 일치한다. 하지만 생산력은 도구와 기술의 발전으로 나날이 증가하는 데 비해, 생산관계는 구조적으로 조직화되어 굳어져 있다. 이러한 모순이 심화되어 임계점에 다다르면 생산관계에서 변화가 일어나 다음 시대의 역사적 단계로 넘어간다는 것이다.

예를 들면, 분업을 통한 생산력의 발전이 중세 체제를 붕괴시키고 근대 자본주의를 불러왔지.

따라서 마르크스는 생산력과 생산관계를 비롯한 물질적, 경제적 구조를 토대(하부구조)로 보았고, 그 위에 위치한 정치, 문화, 종교, 법, 예술은 상부구조로서, 하부구조에 의해 규정된다고 생각했다.

인간의 의식이 사회적 존재를 결정하는 것이 아니라 사회적 존재가 인간의 의식을 결정한다.

마르크스는 경제 문제가 사회의 성격을 결정한다고 보았기 때문에, 자본주의에 대한 분석은 그에게 가장 중요한 학문적 목표가 되었다. 마르크스의 경제학 연구는 〈경제학-철학 수고〉에서 출발한다.

이 저서의 키워드는 '소외'다.

마르크스는 인간의 특징을 '노동'으로 파악하고, 인간은
노동을 통해 개성을 표현하고 자신을 실현한다고 생각했다.
하지만 자본주의 사회의 노동자는 생산 수단을 소유하지
못하기에 노동의 과정에서 '소외'되고, 노동을 통한 생산물이
자신의 것이 아니기 때문에 생산물로부터 '소외'된다.

이러한 소외 현상은 인간에 의한 인간의 소외로 이어진다.
노동자는 분업화의 과정에서 기계 장치의 부속품이
되고, 사람 사이의 관계는 본래의 모습을 잃어버린다.

가장 먼저 산업혁명을 겪고 일찍부터 자본주의를 도입한
영국의 노동자들은 비참한 삶을 살았다. 여자나 어린아이
할 것 없이 하루 12시간이 넘는 중노동을 했으며, 열악한
환경과 부실한 임금으로 질병과 빈곤에 시달렸다.

국가가 노동시간의 상한선을
제한하는 게 아니라 오히려
하한선을 못박아 노동시간을
늘리는 데 앞장설 정도였으니.

당시 자본가들은 자본주의가 많은 사람에게 이롭고 공정한
제도라고 생각했다. 봉건 사회에선 농노가 영주를 위해
무상으로 노동했지만, 자본주의 시대에선 노동자가
자신의 이익을 자유롭게 추구할 수 있기 때문이었다.

그래서 힘들고 어려운
사람은 전부 개인의
책임이란 인식도 생겼지.

마르크스가 대영박물관에서 집필한 필생의 역작
〈자본론〉은 1867년에 1권이 발표되었고, 마르크스 사후
프리드리히 엥겔스에 의해 2권과 3권이 출판되었다.

〈자본론〉은 자본주의의 특징인 '상품'을 분석하여,
상품의 가치는 어떻게 측정되는지, 상품에서 어떻게 이윤이
발생하는지를 설명한다. 예전에는 물건이 사용가치만 가졌다면,
자본주의에선 상품이 사용가치와 교환가치를 동시에 지닌다.

상품의 교환가치는 양적인 성격이므로 측정할 수 있다.
마르크스는 상품의 가치를 인간의 '노동'을 기준으로
계량화했다. 단순하게 설명하면, 상품을 생산하기 위해
투입된 사회적 평균 노동 시간이 상품의 가치라는 이야기다.

만약 빵 1개를
생산하는데 1시간이
걸렸다면, 빵의 가치는
1 노동시간이란 이야기군.

※ 이를 '노동 가치론'이라고 한다.

그렇다면 이윤은 어떻게 창출되는 걸까? 자본주의에선
노동력도 하나의 상품이 된다. 자본가는 노동력을 최대한
사용하여, 원래 노동력 이상의 가치를 착취함으로써
'잉여가치'를 만들어내고, 이것이 곧 이윤이 된다.

거친 예로 임금
이상의 노동을 시키거나
임금을 삭감하는 식으로
잉여가치를 만든다.

우물
우물

따라서 자본가가 이윤을 추구하면 할수록, 노동자의 삶은 고달파진다. 이러한 제도의 모순이 심화되면 역사의 발전 법칙에 따라 자본주의는 몰락하게 되고, 결국 필연적으로 공산주의가 도래한다는 것이 마르크스의 주장이다.

공산주의에선 능력에 따라 일하고 필요에 따라 분배한다.

마르크스가 주장하는 공산주의는 '누구나 배타적인 활동 영역을 갖지 않으며, 사회가 생산 전반을 통제한다. 누구든 내키는 대로 오늘은 이 일을, 내일은 저 일을 할 수 있다. 아침에는 사냥, 오후에는 낚시, 저녁에는 소를 몰며, 저녁 식사 후에는 비평을 한다. 그러면서도 사냥꾼도, 어부도, 목동도, 비평가도 되지 않을 수 있는' 사회이다.

하지만 현실에서 공산주의는 대부분 실패했지.

마르크스는 공산주의 사회에선 누구나 성실하게 일하고 선하게
행동할 거라 생각했다. 그는 인간의 본성을 지나치게 낙관했다.

모두가 잘사는 평등한 세상에 대한 믿음은
본질적으로 비현실적이고 비합리적이다.

세상의 진보는 이기적인 인간을 가정하여 자신의 행복만
도모하는 합리적인 사람에 의해 이루어지는 것이 아니라,
이타적 인간의 선함을 믿으며 모든 사람의 행복을
배려하는 순진한 몽상가에 의해 이루어지기 때문이다.

'자기의 이익을 배타적으로
추구하는 인간은 사회적이지 않고
사회적이지 않은 인간은 인간적이지
않다고 마르크스는 말하고 있다.'※

※ 우치다 타츠루·이시카와 야스히로 지음,
김경원 옮김, 「청년이여, 마르크스를 읽자」,
갈라파고스, 2011, p155

오늘날에도 수많은 사람이 마르크스를 가장 중요하게 생각하는
이유는 무엇일까. 혹시 그것은 자본주의에 대한 냉철한 분석
때문이라기보다, 고통받는 사람을 위해 불꽃처럼 투쟁했던
마르크스의 뜨거운 마음에 인간적으로 공감하기 때문은 아닐까?

흄의 말처럼, 논리적으로만
생각하면 우리가 타인을
도와야 할 이유는
없을지도 몰라.

14

철학도 예술일 수 있을까?

프리드리히 니체

1844 - 1900

Friedrich Wilhelm Nietzsche

망치로 기존의 가치를 분쇄함으로써
섬광 같은 통찰을 빚어낸 서양 철학계의 토르

어느 러시아 문학 이론가는 예술의 기법으로 '낯설게 하기'
라는 개념을 제시했다. 예술은 기존의 익숙한 사물이나
당연한 관념을 '낯설게' 만듦으로써, 그동안 기계적으로
받아들였던 세계를 새롭게 바라보도록 요청한다는 것이다.

마르셀 뒤샹이라는 미술가는
평범한 소변기를 전시회에
출품해 예술로 만들었다.

뭐지
이건?

만약 어떤 철학이 지금까지 쌓아 올렸던 견고한 가치를 흔들어,
인습적으로 받아들였던 모든 것을 낯설게 만들었다면 그것도
일종의 예술이 아닐까? 그런 의미에서 19세기 독일 사상가
프리드리히 니체는 가장 예술적인 철학자일 것이다.

모든 철학자는
예술가이어야 하고,
모든 예술가는
철학자이어야 한다.

Friedrich Nietzsche
☒ 1844-1900 ☒

흔히 예술 작품이 그러하듯이, 니체라는 인간은 철학자라는 좁은 틀에서 벗어나 다양한 기호로 해석할 수 있다. 그렇기 때문에 니체는 분쇄의 상징이자 전복적 태도이며 창조의 양식으로 읽히기도 한다.

20대 중반 젊은 나이에 박사 학위 없이 바젤 대학의 문헌학 교수가 된 니체는, 최초의 저작 〈비극의 탄생〉을 발표한다. 니체는 〈비극의 탄생〉에서 그리스인의 삶과 예술을 통해 '아폴론'과 '디오니소스'라는 두 가지 원리를 발견했다.

니체는 고대 그리스가 아폴론적인 것과 디오니소스적인 것이 조화롭게
융합된 이상적인 상태라고 생각했다. 그러나 소크라테스의 등장으로
이성과 형식을 지나치게 추구하게 되었고, 디오니소스적인 요소를
죄악으로 여기고 제거해버림으로써 삶과 예술이 타락했다고 주장한다.

파격적인 주장이 담긴 〈비극의 탄생〉은 그동안 니체가
쌓아 올린 평판을 한 번에 무너뜨렸다. 그렇지만 니체는
이에 굴하지 않고 오히려 더욱 충격적인 주장을 펼친다.
지금까지 유럽을 지배했던 기독교와 도덕 체계를 공격한 것이다.

니체는 도덕을 '주인의 도덕'과 '노예의 도덕'으로 구분한다.
'주인의 도덕'에서 선(善)이란 능력, 용기, 고귀함 등이고,
'노예의 도덕'에서 선은 겸손, 동정, 자비 등을 의미한다.

니체가 본 기독교는 힘없고 가난한 자, 병들고 추악한
자만이 선하고 축복받는다고 가르침으로써 모두에게 노예의 도덕을
강요했다. 따라서 기독교의 도덕은 혁신적인 지도자들, 대담한
영웅들을 옭아매는 약자의 원한이었고, 끊어야 할 낡은 사슬이었다.

니체는 도덕과 종교의 타락을 시대의 추락으로 보고, 모든 것이
아무것도 아닌 '니힐리즘'의 도래를 예고하며 이런 말을 남겼다.

니체는 다음 두 세기가 니힐리즘의 시대가 될 것이라고
예언했다. 니힐리즘의 가장 가까운 우리말은 '허무주의'다.
니체는 니힐리즘을 '목표가 결여되어 있으며 왜라는
물음에 대한 대답이 결여되어 있는' 상태로 정의한다.

하지만 니체는 니힐리즘 시대에 체념하여 무기력하게 드러눕지
않았다. 오히려 그는 신의 죽음 이후 새로운 가치를 창조하는
능동적 허무주의를 주장한다. 그럼에도 불구하고 삶을
긍정하고 자신을 실현하는 '초인'을 소망한 것이다.

니체는 쇼펜하우어의 영향을 받아 삶을 추동하는 힘으로
'권력의지'를 제시한다. 니체의 권력의지는 쇼펜하우어의 의지와
마찬가지로, 좁은 의미로서 정치권력만을 뜻하는 것이 아니라
자기 극복의 원리가 담긴 보다 거대하고 근원적인 힘이다.

니체가 말하는 초인은 기존의 도덕과 가치에서 벗어난 자유로운 존재로, 자기 운명의 주인으로서 권력의지를 실현한다. 또한 무한히 반복되는 세상이라는 '영원회귀'의 과정마저 적극적으로 긍정하며 살아가는 창조적인 인간 유형이기도 하다.

인간은 극복되어야 할 그 무엇이다.

니체의 대표작인 〈차라투스트라는 이렇게 말했다〉에서는 초인에 대해 이렇게 이야기한다.

'모든 신은 죽었다. 이제 우리는 초인이 등장하기를 바란다.' 이것이 언젠가 찾아올 위대한 정오에 우리의 마지막 의지가 되기를!

니체는 인간의 삶에 존재하는 고통과 갈등까지 적극적으로
끌어안아 자신의 운명을 사랑하라고 명령한다. 그렇게 되면 인간
본래의 창조성이 발휘되어 삶은 의미 있는 예술이 된다는 것이다.

니체는 자신의 철학을 정교한 논증이나 형식적 체계 없이, 운문과
경구를 통해 문학적으로 표현했다. 그래서 같은 내용을 두고도
다의적인 해석이 가능하기에 모호하게 느껴지기도 한다.

니체는 대학교수가 되고 프로이센-프랑스 전쟁에
참여했다가 전염병에 걸린 뒤부터, 줄곧 건강이 악화되었다.
두통, 위경련, 시력 감퇴로 인해 교수직을 그만두었고,
건강에 좋은 환경을 찾아 유럽 각지를 돌아다녔다.

▲ 니체는 스위스 질스 마리아에 있는 피라미드를 닮은 바위 옆에서
〈차라투스트라는 이렇게 말했다〉에 관한 영감을 떠올렸다고 한다.

니체는 여행을 하며 여러 권의 책을 출판하지만, 아무런
반응을 얻지 못한다. 그는 점점 고독해졌으나 끈질기게 집필을
이어나갔고, 1888년에는 무려 여섯 권의 책을 신들린 듯 써냈다.

나는 언제나 심연의
가장자리에 있다.

그리고 1년 뒤인 1889년, 니체는 광장에서 채찍질 당하는 말을 구하려다가 발작을 일으키며 쓰러졌다. 그 후 남은 인생을 정신 착란 상태로 지내다, 끝내 회복하지 못하고 1900년에 세상을 떠난다.

기존의 가치를 전복하고, 새로운 방식으로 모든 것을 다시 보게 했던 니체는, 후대 철학자에게 커다란 영향을 미쳤다. 특히 실존주의와 포스트 모더니즘의 뿌리엔 언제나 니체가 있다.

나에게 니체는, 자신이 옳다고 믿는 가치가 정말 타당한지 다시
한번 생각해보라고 끊임없이 요구하는 철학적 밀물처럼 느껴진다.
니체에 따르면 절대적 진리란 절대 존재하지 않기 때문이다.

하지만 니체를 읽으며 무엇보다 중요하게 느꼈던 점은,
익숙한 무엇을 낯설게 만드는 행위가, 삶의 권태와
허무를 썰물처럼 밀어낸다는 예술적 진실이었다.

니체에게 철학은 예술이 되었고, 예술은 삶이 되었다.
니체를 보면 철학과 예술 그리고 삶은 각기 다른 것이
아니라 전부 같은 것일지도 모르겠단 생각이 든다.

아무튼,
니체는 뛰어난
철학자이자 훌륭한
예술가였어.

호로록

그런데
고양이가
언제부터
말을 했지?

15

철학의 쓸모

· 존 듀이 ·

1859 - 1952

John Dewey

실용적인 문제 해결에 집중한 지극히 미국적인 철학자

어렸을 때 주변에서 가장 많이 들었던 핀잔은 '언제 철들래.'였고, 두 번째는, '쓸데없는 짓 하지 마.'였다.

현대 사회에서 '실용성'은 요긴한 가치다. 그렇기 때문에 생활에 직접 도움 되지 않는 행동이나 관념, 지식은 무의미하게 여겨지기도 한다.

이러한 생각은, 뉴턴의 등장 이후 과학의 발전과 함께
본격적으로 보급되었다. 과학의 발달이 인간의 삶에
실질적인 변화를 일으키자, 지식이란 인간의 실제 생활에
도움이 되어야 한다는 인식이 퍼지기 시작한 것이다.

철학에서 지식의 실천적 활용을 주장하는 사조는 19세기
미국에서 등장했다. 그리고 그 흐름의 중심에 근대 교육의
아버지이자 실용주의 철학자인 존 듀이가 있다.

미국 버몬트주에서 태어난 듀이는 어렸을 때부터 독서를 좋아했으며, 소심하고 얌전한 소년이었다. 버몬트 대학 졸업 후, 잠시 교사로 일하다 그만두고 곧 철학 대학원에 진학하여 박사 학위를 받았다.

그 후 대학교수가 되면서 자신의 이론을 적극적으로 펼치기 시작한다.

실용주의의 창시자이자 실용주의의 기초를 다진 건 듀이보다 20년 먼저 태어난 미국 철학자 찰스 샌더스 퍼스였다.

에헴.

Charles Sanders Peirce
· 1839 – 1914 ·

퍼스는 관념의 의미에 주목하면서, 개념이란 감각 가능한 실제적 결과에 의해서 결정된다고 생각했다. 예를 들어 '단단하다'라는 개념은 직접 두드려보거나 눌러본 후 실천적으로 검증한 결과로 정해진다는 것이다.

퍼스의 실용주의를 계승하여 체계적인 이론으로 심화시킨 인물은 듀이보다 17년 먼저 태어난 미국 철학자 윌리엄 제임스다.

제임스는 관념에서 중요한 것은 현금 가치와도 같은
유용성이라고 주장하며, 진리의 유용성을 강조했다.

듀이는 두 사람의 실용주의와 헤겔 철학 그리고 다윈의
진화론에서 영향을 받아 자신의 사상을 발전시켰다.

듀이는 철학으로 인해 세계를 좀 더 명료하게 이해할 수
있어야 한다고 생각했다. 그렇기 때문에 인간의 경험을
모호하게 만드는 난해한 이론은 거부했다.

또한 철학은 일상생활에서 괴리된 사변적인 지식이 아니라 삶에
능동적으로 개입하여 문제를 해결하는 실용적인 것이어야 한다고 믿었다.

듀이는 퍼스와 제임스와 마찬가지로 절대불변의 고정된 지식이란 없다고 보았다. 지식의 역사를 살펴보면 확실하다고 생각했던 가장 안전한 지식도, 새로운 발견으로 뒤집히곤 하기 때문이다.

듀이는 지식을 인간의 행동에 도움이 되고 일상의 문제를 해결하는 '도구'라고 생각했다. 그래서 그는 자신의 철학을 '도구주의'라고 불렀다.

듀이의 사상은 '실천을 통한 배움'이라는 경험
중심의 교육관으로 이어졌다. 그는 교육에 지대한
관심을 가졌고, 직접 '실험학교'를 열기도 했다.

듀이는 교사 중심의 수동적 교육이 아니라 학생 중심의
능동적 교육을 강조했다. 일방적인 주입식 교육에서 벗어나,
학생 스스로의 경험을 통한 학습을 주장한 것이다.

듀이는 도구로써 지성을 적극적으로 활용한다면 사회를
진보시킬 수 있다고 믿었다. 그는 민주주의를 궁극의 이상향으로
보았고, 민주주의 사회를 더욱 발전시켜야 한다고 생각했다.

듀이의 사상은 가장 미국적인 철학이었고, 실용주의는 미국의
영향력만큼이나 다른 나라에도 커다란 영향을 끼쳤다.

그렇지만 실용적이지 않다고 여겨지는 쓸데없는 지식은 정말
무의미한 것일까? 듀이와 동시대를 살았던 영국의 철학자
버트런드 러셀은 무용한 지식을 변호하며 이렇게 주장한다.

'무용한 지식은
숙고하는 습관을
조성해준다.'

'필요한 것은 '이것이냐
저것이냐' 하는 특정한
정보가 아니라 전체의
시각에서 본 인생의
목적에 관한 지식이다.'*

* 버트런드 러셀 지음, 송은경 옮김,
「게으름에 대한 찬양」, 사회평론,
2005, p 51

▲ Bertrand Russell
1872-1970

또한, 우리나라 문학 평론가 김현은 문학의 쓸모없음을
문학의 존재 방식으로 규정하며 이런 말을 남기기도 했다.

'유용한 것은 대체로
그것이 유용하기에
인간을 억압한다.
하지만 문학은
무용하기에 인간을
억압하지 않으며,
대신 억압에 대해
생각하게 만든다.'

▲ 김현 1942-1990

듀이는 지식의 실용적 가치를 강조하면서도,
누차 인간의 존엄성과 도덕을 강조했다.

거듭 공감한다. 하지만 듀이가 요구하는 '인간에
대한 배려'는 유용한 사고에서 나오는 것이 아니라,
무용한 사고에서 비롯되는 것일지도 모른다.

16

언어가 뭐기에

루트비히 비트겐슈타인

■ 1889 - 1951 ■

분석철학의 선구자

초연한 카리스마를 풍기는 강팍한 천재

언어란 무엇일까? 나에게 '언어'는
의사소통의 방법일 뿐, 특별한 관심의 대상이 아니었다.
일상에서 읽고 쓰고 말하는 데 큰 문제가 없다면,
굳이 의식할 이유가 없다고 생각했기 때문이다.

근대의 세계관에서도 언어의 역할은 단지 전달을
위한 도구일 뿐이었다. 당시 사람들은 언어를 도구
이상으로 우상화하는 것은 비합리적이라고 생각했다.

과연 언어는 인간의 생각을 표현하는 심상한 수단에 불과한 걸까?
거의 모든 것을 탐구했었던 철학에서도 언어는 언제나 소외된 주제였다.

비트겐슈타인이 등장하기 전까지 말이지.

오스트리아-헝가리 빈 출신의 철학자 루트비히
비트겐슈타인은 철학의 문제를 언어의 문제로
규정하며, 철학의 지형을 뒤흔든 혁명적인 인물이다.

Ludwig Josef Johann Wittgenstein
1889-1951

비트겐슈타인은 나라에서 손꼽힐 정도로 부유한 가정에서
8남매 중 막내로 태어나 자랐다. 그의 집엔 유명한
예술가들이 드나들었고 어려서부터 음악의 영향을 받았다.

집에서 브람스나 말러가
연주를 하기도 하고,
클림트가 셋째 누나의
초상화를 그려주기도 했다.

오오

겉으로 보면 마냥 행복해 보이는 집안이지만, 둘째 누나는
태어난 해에 사망하였고, 첫째, 둘째, 셋째 형은 자살하였다.
비트겐슈타인 역시 죽음 충동에 시달렸지만, 자살은 비겁한
자기방어라고 생각하여 스스로 목숨을 끊진 않았다.

1차 세계대전이 일어나자
군대에 자원하여 일부러
위험한 임무에 뛰어들지만,
훈장만 받아 왔다고 한다.

......

비트겐슈타인은 항공공학을 전공했으나, 수리 철학에
흥미를 느껴 철학을 배우기 위해 버트런드 러셀을 찾아간다.
비트겐슈타인은 러셀에게 치근거린 끝에 철학적 재능을
인정받았고, 그 뒤 본격적으로 철학의 길을 걷게 된다.

▲ 버트런드 러셀, 당대 최고 명사. 1950년 노벨 문학상 수상.

1913년, 비트겐슈타인의 아버지가 사망한다. 막대한 재산을 상속받게
된 비트겐슈타인은 물려받은 유산을 릴케를 비롯한 예술가들과
가족들에게 나누어 주고, 자신은 평생 가난한 독신으로 지낸다.

비트겐슈타인은 생전에 단 한 권의 철학 서적을 출간했는데,
그 책이 바로 이탈리아군의 포로로 지내던 시기에 집필한
〈논리 철학 논고〉이다. 비트겐슈타인은 언어의 부정확한
사용으로 철학이 혼돈에 빠졌다고 생각했고, 따라서 언어를
명료하게 다듬는 일이야말로 철학의 진정한 과제라고 생각했다.

철학은 언어
비판이어야 해.

〈논리 철학 논고〉는 비트겐슈타인의 전기 철학으로, 언어의
구조와 세계의 구조가 동일하다는 '그림 이론'을 제시한 책이다.
'그림 이론'을 한마디로 요약하면, 언어가 세계의 그림이란 뜻이다.

그러므로
언어의 한계가
세계의 한계다.

비트겐슈타인은 어떤 명제가 감각 가능한 사실에 대응하지 않는다면 무의미하다고 생각했다. 따라서 실재를 통해 확인할 수 없는 기존의 철학적 명제는 언어로 표상할 수 있는 세계가 아니었다.

그렇다고 비트겐슈타인이 종교와 도덕, 신이나 자아 같은 전통적인 철학의 주제를 멸시한 건 아니었다. 다만 이러한 대상은 언어의 경계 밖에서 스스로 모습을 드러내는 '신비로운 것들'이라고 생각했다.

비트겐슈타인은 <논리 철학 논고>를 통해 철학의 임무와
철학적 본질을 모두 해명했다고 믿었다. 그는 철학계에서
은퇴하여, 자그마한 시골 마을의 초등학교 교사로 살아간다.

비트겐슈타인은 철학을 떠났지만, <논리 철학 논고>는 철학계의 거대한
파문을 일으켰다. 학자들은 지속해서 비트겐슈타인에게 복귀를
요청하였고, 1929년에 결국 다시 케임브리지 대학으로 돌아오게 된다.

비트겐슈타인은 초등학교 교사 시절부터 〈논리 철학
논고〉의 오류를 깨닫고 있었고, 자신의 철학을 수정하여
〈철학적 탐구〉를 집필하지만 끝내 완성하진 못한다.
결국 이 책은 비트겐슈타인의 사후에 출판되었다.

〈철학적 탐구〉는 비트겐슈타인의 후기 철학으로, 〈논리 철학 논고〉의
입장을 뒤집어 새로운 주장을 펼친다. 이상 언어를 추구하던
전기와 달리, 일상 언어를 인정하고 쓰임새에 주목한 것이다.

〈철학적 탐구〉에 따르면, 언어는 세계를 그대로 모사하는 것이 아니라 상황과 맥락에 따라 다른 의미를 지닌다. 언어의 의미는 고정된 것이 아니라 게임과도 같은 일정한 규칙 안에서 결정된다는 것이다.

이를 '언어 게임' 이라고 한다.

비트겐슈타인은 언어의 의미가 삶의 조건에 의해 규정된다고 보았다. 그래서 '한 언어를 상상하는 것은 한 생활양식을 상상하는 것'이라고 말하기도 한다.

그렇다면 어떤 사람이 사용하는 언어를 통해, 그 사람의 삶도 유추할 수 있을까?

비트겐슈타인은 케임브리지 대학에서 철학을 가르치다가 그만두고, 아일랜드로 건너가 독자적으로 철학을 연구했다. 말년에 그는 암에 걸렸고 의사로부터 시한부 인생을 선고받은 뒤, 1951년에 죽음을 맞이한다.

비트겐슈타인의 전기 이론은 논리 실증주의자에게 계승되었고, 후기 이론은 일상 언어 학파를 탄생시켰다. 그로 인해 현대 철학은 인식 중심의 철학에서 벗어나 언어 중심의 철학으로 이동할 수 있었다.

비트겐슈타인은 철학에서 가장 중요한 문제가 언어라고
생각했다. 비트겐슈타인 이후, 언어는 생각이나 감정을
전달하기 위한 단순한 도구 그 이상이 되었다.

철학이 세상과 인간을 이해하기 위한 학문이고,
언어가 그러한 방법 중 하나가 될 수 있다면, 우리는
언어를 사유함으로써 무엇을 더 알 수 있는 걸까?

전기 비트겐슈타인은 명료한 언어를 통해 완전한 세계를
파악할 수 있다고 믿었다. 만약 언어로 무언가를 알 수 있다면,
개인이 사용하는 언어를 통해 한 인간을 이해할 수도 있지 않을까?

누군가의 본질을 이해하려면 외모나 능력, 이력을 보는 것도
중요하지만 무엇보다 그 사람이 사용하는 언어를 꼼꼼하게 살펴봐야
한다. 언어는 자신을 드러내는 가장 내밀한 거울이기 때문이다.

17

형이상학에 대한 형이상학적 끌림

마르틴 하이데거
• 1889 - 1976 •

Martin Heidegger

평생을 '존재'에 대해 끈질기게 사유했던
소박한 존재 덕후

태초에 철학이 있었다. 모든 학문의 뿌리엔 언제나 철학이 있다.
철학에서 뻗어 나온 가지들이 성장하여 개별 학문을 꽃피웠다.

철학에서 독립한 분야를 깔끔하게 가지치기하여, 순수 철학이라고
부를 수 있는 부분만 앙상하게 남겨둔다고 가정해보자.
남아 있는 부분 중 한 가지엔 분명 형이상학이 무성할 것이다.

'나는 누구인가?', '인생은 왜 사는가?'처럼 인간은
해답 없는 형이상학적 문제를 수분처럼 빨아들인다.

현대의 많은 철학자들이 형이상학을 쓸모없는 것, 의미
없는 것, 모호한 것으로 취급했지만, 모든 철학자가
그랬던 것은 아니다. 20세기 철학의 거장 마르틴 하이데거
에게 가장 중요한 철학적 테마는 이것이었으니 말이다.

하이데거는 독일의 작은 시골 마을인 메스키르히에서 태어났다.
대학은 신학부에 들어갔으나, 철학으로 전공을 바꿨다.
프라이부르크 대학의 강사 생활을 하며, 철학자 에드문트
후설의 조교로 일하다가, 후설의 후임으로 교수가 되었다.

현상학의
창시자

Edmund Husserl
1859-1938

하이데거가 철학의 거인으로 주목받게 된 것은, 그의 대표 저서인
〈존재와 시간〉을 발표하면서부터였다. 〈존재와 시간〉은
형이상학에서도 가장 근원적인 주제인 '존재'를 묻는 책이다.

SEIN
UND
ZEIT
VON
MARTIN
HEIDEGGER

존재와 시간은 두 권으로
기획된 책이었으나, 한 권
밖에 나오지 않았다.

하이데거는 존재에 있어, '존재자'와 '존재'를 구분했다.
'존재자'는 존재하는 모든 개별 대상을 말하고,
'존재'는 존재자의 근원이자 본질을 뜻한다.

하이데거에 따르면 지금까지의 철학은 존재와 존재자의 차이를
간과하여, '존재 일반'의 의미는 고려하지 않고 '존재하는 것'에만
매달렸기 때문에 오류가 생긴 것이었다. 따라서 진정한 존재론은
'존재자'가 아닌 '존재'에 대한 탐구가 필요하다.

하이데거는 인간을 '현존재(Dasein)'라고 정의한다. 현존재에게
'세계'는 자신과 분리할 수 없는 근본구조로서, 인간은 세계에
내던져진 채다. 인간은 언제나 세계와 연관되어 있고, 세계 속에
존재한다. 그래서 하이데거는 현존재를 '세계-내-존재'라고 칭한다.

그동안 세계를
바라봤던 근대적
시각은, 인간을 주관,
세계를 객관으로
생각한 이원론이었어.

또한 인간은 다른 존재자와 달리, 자신의 존재를 질문하는
유일한 존재이자, 자신의 존재를 스스로 결정할 수 있다.
하이데거는 이러한 현존재 존재 방식을 '실존'이라고 불렀다.

"실존은 스스로를 실현시켜
'본래성'의 양태로 있거나
자신의 선택을 남에게 맡겨
'비본래성'의 양태로 있다."*

* 이동희, 「세상에서 가장
흥미로운 철학 이야기 근현대편」,
휴머니스트, 2010, p335

보통의 인간은 자신을 실현하지 못하고, 타인에게 휘둘리면서 평균적인 대중의 일상성 속에 살아간다. 하이데거는 이러한 '비본래성'의 양태에서 벗어나기 위한 가능성으로 '불안'을 제시했다.

'불안'은 공포와 다르다. 불안은 특정 대상과 무관하게 느끼는 막연한 감정이다.

하이데거에 따르면, 인간은 불안을 통해 '무(無)'와 만날 수 있다. 존재에게 '무'란, 곧 '죽음'이다. 하이데거는 '죽음'의 불안으로부터 도망치지 않고, 오히려 '죽음'을 직시함으로써 진정한 자신의 실존을 실현할 수 있다고 말한다.

죽음은 사건이 아니다. 실존적으로 이해해야 할 현상이다.

현존재는 미래에 다가올 죽음을 미리 각오하고 받아들임으로써, 삶의 유한성을 깨닫게 된다. 자신의 죽음을 의식할수록 역설적으로 현재 삶의 소중함을 자각하고 책임질 수 있다는 것이다.

이것이 바로 '선구적 결의성'이지.

하이데거는 '죽음'이 꺼려야 할 부정적인 주제가 아니라, 적극적으로 인식하고 받아들여야 할 중요한 문제라는 것을 통찰했다. 죽음에 대해 생각한다는 것은 삶에 대해 생각하는 것과 같다.

그래서 죽음에 관한 책들을 보면 삶에 관해 이야기하는 경우가 많지.

하이데거는 현존재의 기본구조로 시간성을 강조했다.
죽음은 시간과 밀접한 관계를 맺는다. 인간은 시간 속에서
유한하게 실존 하기에, 인간은 곧 시간이기도 하다.

후기의 하이데거는 존재란 스스로 모습을 드러내지만, 인간의 언어로
존재를 기술하기에는 불충분하다고 생각했다. 그래서 그는 철학의
언어보다, 예술의 언어가 존재를 더 충실하게 설명한다고 믿었다.

하이데거는 '기술'의 발달을 부정적으로 인식했다. 그에
따르면, 인간은 기술에 의해 '닦달'당하며, 비인격적 도구로
추락했다. 하이데거는 존재의 이해를 통해 농부처럼
겸손하게 존재의 드러남을 기다려야 한다고 이야기한다.

하이데거는 20세기의 위대한 철학자 중 한 명이지만, 2차 세계대전
당시 나치와의 관계 때문에 지금까지도 논란을 빚고 있다. 그 때문에
종전 이후 교수직을 박탈당하고 공개적인 강의가 금지되기도 했다.

하이데거의 강의 금지 조치는 몇 년 후 해제되지만,
곧 대학에서 은퇴하였고 홀로 철학적 연구를 이어나갔다.
그 뒤 하이데거는 남은 삶 동안 여행하고 글을 쓰면서
지냈고, 1976년에 심장마비로 조용히 세상을 떠났다.

하이데거가 뿌린 거대한 형이상학적 씨앗은 현대 철학의 작은
숲으로 자랐다. 학계에선 하이데거를 실존주의자로 취급하기도
하지만, 정작 본인은 실존주의자라고 생각하지 않았다.

당시의 많은 철학자가 형이상학을 외면하고 과학적인
태도를 중시할 때, 하이데거는 실험도 증명도 확실한 진실도
알 수 없는 비합리적인 질문에 매달렸던 이유는 무엇일까?

존재의 의미는 무엇일까? 삶의 의미는 무엇일까? 세상에 의미
같은 것이 있기나 할까? 인간은 어째서 이런 물음에 집착하는 걸까?

의미 같은 것은 어디에도 없을지 모른다. 그렇지만
의미 없는 세상에 의미를 길어 내는 것이 인간은 아닐까?
의미 없는 것에 의미가 있다고 믿는 것이 삶은 아닐까?

형이상적 물음에서 진짜 중요한 것은 대답이 아니라 질문이다.
정답 없는 질문을 해명하기 위한 사유가 삶을, 인간을,
세상을 더욱 깊이 이해하게 만든다고 믿는다면 말이다.

18

실수해도 괜찮아

칼 포퍼

1902-1994

Karl Popper

불완전한 이성의 한계를 인정하고
반증 가능성으로 과학과 유사과학을 구별한 비판적 합리주의자

보통 어떤 것이 '과학적'이라고 한다면,
그것은 확실하고 신뢰할만하다는 뜻이기도 하다.
16~17세기에 일어난 과학혁명 이후
과학은 고정된 지식, 불변의 진리로 받아들여졌다.

어떤 것이 과학적으로
그렇다고 말한다면,
반박하기 어렵지.

비트겐슈타인에게 커다란 영향을 받았던 논리 실증주의자들은
과학의 논리를 철학에 적용하여, '과학적' 철학을 추구했다. 그들은
경험적으로 검증할 수 있는 것만을 과학적인 명제라 생각했다.

오스트리아 빈을 중심으로 모였기에 '빈 학파'라고도 한다.

논리 실증주의 운동은 '과학철학'이라는 새로운 분야를 탄생시켰다.
철학사에서 과학철학을 설명하려면, 오스트리아 빈 출신의 영국
철학자 칼 포퍼를 빼고 이야기할 순 없을 것이다.

포퍼는 개신교로 개종한 유대인 가정에서 태어났다.
그의 집엔 만 권이 넘는 책이 있었고, 어릴 때부터 여러
철학자에 관한 책을 읽으며 모자람 없이 자랐다.

학생 시절 마르크스와 프로이트, 아들러에 심취했지만,
빈 대학에서 아인슈타인의 강의를 듣게 되면서 과학의 방법론에
관심을 갖게 되었다. 포퍼는 대학에서 박사 학위를 받은 뒤,
고등학교 교사 생활을 하던 중 〈탐구의 논리〉를 발표한다.

〈탐구의 논리〉의 영미권
제목은 〈과학적
발견의 논리〉이다.

포퍼는 과학의 기초적인 방법론인 '귀납법'을 부정했다.
과학의 진보는 경험적 사실을 쌓음으로써
가능하다는 기존의 과학관을 거부한 것이다.

※ 귀납법은 개별적인
사례를 모아 일반적인 결론을
끌어내는 논리적 방식이다.

일찍이 흄은 귀납법의 문제를 지적했었다. '모든 백조는 하얗다.'라는 명제를 생각해보자. 아무리 많은 하얀 백조를 관찰했다 할지라도, 다음번에 관찰되는 백조도 반드시 하얗다는 사실은 입증할 수 없다. 따라서 귀납적 방식은 결코 확실한 지식을 가져다주지 않는다.

포퍼는 과학의 발전이 사실과 부합되는 증거를 수집함으로써 이루어지는 것이 아니라, 오히려 단 한 차례의 반박 사례를 통해 이루어지는 것이라고 보았다. 즉, 과학적 발견의 본질은 '검증'이 아니라 '반증'이라는 것이다.

포퍼는 반증 가능성의 원리를 이용하여, 과학과 비과학의 경계를 구분했다. 포퍼에 의하면 오류 가능성이 높을수록, 다시 말해 반증 가능성이 클수록 그것은 과학에 가까운 것이었다.

포퍼에겐 마르크스의 경제 이론, 프로이트와 아들러의 정신분석학 역시 과학적인 학문이 아니었다. 포퍼는, 대담한 가설과 반증을 통해 끊임없이 시행착오를 겪으며 성장하는 것이 과학이라고 생각했다.

포퍼는 궁극적으로 고정된 지식을 인정하지 않았고, 모든
과학적 지식엔 항상 오류 가능성이 존재한다고 보았다.
어떤 과학 법칙이 수백 년 동안 반증되지 않았더라도 그것은
진리가 아니다. 다만 참에 가까운 지식이라는 것이다.

포퍼는 다윈의 자연선택 이론을 지식의 역사에 적용하여, 지식도 생명과
마찬가지로 반증과 오류의 생존 경쟁을 거쳐 진화한다고 생각했다.

포퍼는 합리성이란 절대 이성이 아닌 비판적 태도라고 보았으며,
자신의 사상을 가리켜 '비판적 합리주의'라고 불렀다. 비판적
합리주의는 지식을 획득하기 위한 방식을 넘어, 끊임없이
자기비판을 요구하는 도덕적 의무이기도 하다.

비판적 합리주의는
삶의 방식이다.

고등학교 교사였던 포퍼는 〈탐구의 원리〉로 일약 유명 인사가
되었다. 그러나 유대인이었던 그는 나치의 탄압으로 평온한
생활을 할 수 없었기에, 뉴질랜드에 가서 대학교수가 된다.

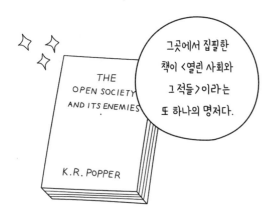

그곳에서 집필한
책이 〈열린 사회와
그 적들〉이라는
또 하나의 명저다.

THE
OPEN SOCIETY
AND ITS ENEMIES

K.R. POPPER

<열린 사회와 그 적들>은 비판적 합리주의를 사회에
적용하여, 전체주의에 맞서 자유로운 논쟁을 통한 점진적
개선을 주장하는 사회 철학서이다. 이 책에서 포퍼는
플라톤과 헤겔, 마르크스를 전체주의의 시초로 지목한다.

지상에 천국을
만들어내려는 시도는
언제나 지옥을
만들어낸다.

포퍼는 특정한 역사적 법칙에 따라 이상 국가를 실현하려는
목적론적 사고방식을 비판한다. 이러한 역사주의는 강력한 중앙집권
체제를 요구하기 때문에 독재로 변질될 가능성이 높기 때문이다.

독재는 독단으로
흐르고, 독단은 비판을
허용하지 않지.

포퍼는 '유토피아적 사회 공학' 대신 '점진적 사회
공학'을 제안했다. 그는 '선을 위해 노력하기보다 악을
제거하기 위해 투쟁해야 한다'라고 이야기한다.

포퍼가 주장하는 '열린 사회'는 개인의 자유와
사회적 약자를 보호하며, 민주적인 토론이 정치적 의사
결정에 영향을 미치는 사회다. 〈열린 사회와 그 적들〉은
현대 자유 민주주의 이론에 지대한 영향을 미쳤다.

전쟁 이후 포퍼는 영국으로 건너가 교수가 되었고, 죽기
직전까지 활발하게 글을 쓰다가 1994년 런던에서 사망했다.

포퍼는 비판적 합리주의를 바탕으로 다양한 분야에 저술을
남겼다. 그는 비판적 이성으로 '끝없는 탐구'를 해나가야
하며, 인간은 '실수'로부터 배운다고 생각했다.

포퍼의 지식관은 과학의 발전과 마찬가지로, 내가 맞았다는 확증을
통해서가 아니라 내가 틀렸다는 반증을 통한 성장을 강조한다.

그렇다면 궁금해진다. 우리가 실수로부터 성장할 수 있다면,
나는 왜 아직 세계 최고의 석학이 되지 못했을까?

포퍼는 단순히 실수만 하면, 지식이 확장된다고 말하진 않았다. 포퍼가 말하는 비판적 합리주의는, 실수를 인정하고 실수의 계속적인 교정을 통해 의식적으로 배우고자 하는 태도이기 때문이다.

어쩌면, 실수는 부끄러운 일이 아닐지 모른다. 하지만 실수를 저지르고도 인정하지 않는 것은 확실히 부끄러운 일이다. 실수를 통한 성장을 기대하기 전에, 먼저 덜 부끄러운 사람이 되길 소망해본다.

19

내가 진짜로 원하는 게 뭘까

·장 폴 사르트르·

1905~1980

Jean-Paul Sartre

실존주의의 대명사
능동적인 현실 참여를 통해, 완전한 자기 자신을 실현하고자 했던
실천하는 지식인

누군가 연예인을 선망하듯, 내가 철학자를 동경하게
된 계기는 '실존주의'와의 만남이었다. 실존주의를
읽으면서 처음으로 철학이 멋있다고 느꼈다.

실존주의의 시초는 19세기 덴마크 철학자 키르케고르지만,
실존주의 철학자로 가장 널리 알려진 인물은
1905년 프랑스에서 태어난 장 폴 사르트르이다.

▲ Jean-Paul Sartre
1905-1980

사르트르는 독일어 교사였던 외조부의 영향을 받아 어렸을
때부터 책과 글쓰기에 빠져 지냈다. 수재들만 모인다는 파리
사범학교를 졸업한 뒤, 교원 자격시험에 응시하였으나 떨어졌다.

하지만 다음 해 같은 시험에 다시 응시하여 수석으로
합격했다. 이때 차석으로 합격한 사람이 뛰어난
작가이자 철학자인 시몬 드 보부아르였다.

▲ Simone de Beauvoir
1908 - 1986

그 후 사르트르는 군 복무를 마치고 돌아와 고등학교에서
철학을 가르친다. 이 시기에 사르트르는 〈벽〉이라는 단편
소설과 〈구토〉라는 소설을 발표해 작가로서 이름을 날린다.

1964년에는 노벨 문학상
수상자로 지목되었지만,
제도권에 규정되기를
원치 않는다는 이유로
수상을 거부하기도 했다.

됐거든?

제2차 세계대전이 터지자 사르트르는 군에 징집되었고,
독일군의 포로가 되었다가 탈출한다. 1941년에 파리로
돌아온 사르트르는 레지스탕스 활동을 벌였고, 1943년엔
사르트르의 가장 중요한 철학서인 〈존재와 무〉를 발표한다.

〈존재와 무〉는 하이데거의
〈존재와 시간〉에서
많은 영향을 받았지.

〈존재와 무〉는 실존주의를 대표하는 철학서로, 인간
존재에 대한 사르트르의 탐구가 담긴 책이다. 사르트르는
의식을 기준으로 인간과 다른 존재를 구분했다.

의식은 반드시 무언가에
대한 의식이다. 즉 의식
대상이 있어야 하지.

사르트르는 의식 없이 그 자체로 존재하는 존재를 가리켜
'즉자존재'라고 칭하고, 무언가를 의식하며 세계를
마주하는 존재를 가리켜 '대자존재'라고 정의한다.

인간은
대자존재라는
이야기군.

즉자존재와 달리 대자존재는 다른 존재에 의존해서 존재한다. 대자존재는 자체적인 존재 근거가 없으므로, 아무것도 아니다. 사르트르에 따르면, 인간은 무(無)와 같다.

플라톤 이래로 많은 서양 철학자들은 인간에겐 고정된 본질이 있다고 믿었으나, 사르트르는 그렇지 않다고 생각했다. 사르트르는 봉투를 여는 데 사용하는 페이퍼 나이프의 예를 들어 이렇게 설명한다.

페이퍼 나이프의 본질은 만들어지기 전부터 이미 결정되어 있지만,
인간은 이와 달리 특정한 목적을 위해 존재하는 것이 아니라는 이야기다.
그래서 사르트르는 이렇게 말한다. '존재는 본질에 선행한다.'

인간은 텅 비어있다. 그렇기 때문에 인간은 내부를 채우기 위해
끊임없이 외부 세계를 지향한다. 항상 무언가를 욕망하지만,
인간의 존재 근거는 결코 채워지지 않으므로 삶은 부조리하다.

사르트르는, 인간에게 규정된 본질 같은 건 없다고 말한다.
하지만 오히려 그렇기 때문에 인간은 자유로운 존재일 수 있다.

인간이 무(無)라는 것은 결국, 인간은 무엇이든 될 수 있다는 뜻이지.

일반적으로 자유는 '구속'의 상대 개념이지만, 철학에서 자유의 반대말은 '필연'이다.

그렇지만 사르트르에게 '자유'는 마냥 긍정적인 개념이 아니다.
인간의 '무'는 '자유'를 통해 자신을 창조하여 자기 자신이 되어야 한다.

인간은 자유를 선고받았다.

우리는 자유롭지 않을 자유가 없다.
인간은 자유를 형벌처럼 짊어지고 있다.
인간은 이러한 자유를 의식할 때 불안을 느낀다.

<존재와 무> 3부는 또 다른 존재인 타자를 설명하며, 타자와의 관계를
이렇게 기술한다. '타인은 지옥이다.' 타인의 시선을 통해 나는 주체의
자격을 잃고 객체가 되며, 자신의 존재로부터 소외되기 때문이다.

실존이란 절대적인 자유와 같다. 인간은 자신을 실현하면서 스스로
가능성을 만들어가는 가운데 비로소 자기 자신이 될 수 있다.

물론, 자유에는
책임이 따른다.

2차 세계대전으로 타인과 사회에 관심을 갖게 된 사르트르는,
인간은 만인과 관계되어 있으므로 만인에 대한 책임이 있다고
선언한다. 실제로 사르트르는 능동적인 현실 참여를 의미하는
'앙가주망(Engagement)'을 실천하며 평생 사회의 변혁을 추구했다.

나의 행위는 자신의
실존뿐 아니라 타인의
실존까지 결정하지.

그는 프랑스에 반대하여 알제리 독립을 지지하기도 했고,
미국의 베트남 침공을 반대하는 시위를 벌이기도 했으며, 1968년
5월 혁명에 가담하는 등 만인의 인권을 위해 적극적으로 행동했다.

마르크스주의에 경도되어
실존주의와 마르크스주의의
접목을 시도하기도 했지만
잘 되진 않았다.

사르트르는 1980년에 눈을 감았다. 그의 장례식엔
2만 5천 명의 사람이 모여들었고, 파리에서 열린
운구 행렬에는 5만 명의 시민들이 뒤따랐다고 한다.

사르트르는
개인을 넘어 하나의
아이콘이 되었지.

두 차례 세계대전으로 황폐했던 시기에,
자유를 통한 인간 주체성의 회복을 강조한 실존주의는
하나의 학문을 넘어 거대한 문화 현상이 될 수 있었다.

철학의 흐름이 시기에 맞춰 변하듯, 유행의 파도는 욕망에 따라 춤춘다.
그렇기 때문에 한 시대의 유행을 들여다보면, 그 시대의 결핍이 보인다.

사르트르에 따르면 인간은 결핍과 욕망의 방식으로 존재한다.
자유로운 선택으로 자신의 본질을 만들어나가는 것이 실존이라면,
지금 나의 욕망이 지금 나의 실존을 결정하는 건 아닐까?

내가 정말
원하는 건 뭐지?

꼬르륵

누군가의 본질이 궁금하다면, 그 사람이 원하는 게 무엇인지
물어보라. 한 사람의 욕망을 들춰보면 그 사람의 실존이 숨어있다.

난 그냥
햄버거나 실컷
먹고 싶다.

...

줄
줄

20

악이란 무엇인가?

한나 아렌트

1906 –1975

Hannah Arendt

생각하지 않는 것이 어떻게 악으로 이어지는가를
규명했던 명석한 철학자

내가 세 번째로 좋아하는 영화는 〈다크 나이트〉이다.
이 영화에 등장하는 악당인 조커는 굉장히 흥미로운 인물이다.

영화 속 조커의 모습은, '악'이라는 순수 관념을 형상화한
캐릭터처럼 보인다. 조커는 순수한 악 그 자체다. 다크
나이트는 조커를 통해 악이란 무엇인지 고민하게 만든다.

이념적인 악에 대해 생각하다 보니, 구체적인 세상에
현실적으로 존재하는 악에 대해서도 궁금해진다. 악이란
무엇일까? 독일에서 태어난 미국 철학자 한나 아렌트는
악에 대한 유의미한 통찰로 그 단초를 제공했다.

Hannah Arendt
1906-1975

아렌트는 1906년 독일에서 태어난 유대인 철학자이다.
아렌트는 대학 시절 '메스키르히에서 온 마법사'라고 불리던
하이데거의 강의를 들었고, 그와 짧은 사랑에 빠지기도 했다.

▲ 하이데거

아렌트는 1933년 히틀러 정권이 출범하자 프랑스로 이주했다가,
1941년에 미국으로 어렵게 망명했다. 미국에서 유대인 학살 소식을
접한 그녀는, 나치를 연구하여 1951년 〈전체주의의 기원〉을 발간한다.

아렌트는 이 책으로
학계에 알려지게 된다.

〈전체주의의 기원〉은 나치즘과 스탈린식 사회주의를
전체주의로 규정한다. 아렌트는 전체주의가 출현할 수
있었던 중요한 원인으로 '계급사회의 붕괴'를 꼽았다.

즉, 계급사회에서
대중사회로 이행하게
된 것이 중요한 원인이지.

계급에 대한 귀속 의식 해체로 적막함에 사로잡힌
대중이 생겨났고, 특출난 지도자의 구원을 기대하는
대중으로부터 전체주의 운동이 일어났다는 것이다.

<전체주의의 기원> 발간 이후, 대학에서 학생을 가르치며 저술
활동을 이어가던 아렌트는, 1960년 5월 '아돌프 아이히만'이 이스라엘
비밀요원에 의해 아르헨티나에서 체포되었다는 소식을 듣게 된다.

아돌프 아이히만은 SS라고 불리는 나치의 친위대
소속이었고, 유대인 문제를 다루는 고위급 실무 책임자였다.
아이히만은 유대인을 열차에 태워 수용소로 보내는 일을
맡는 등 유대인 학살을 적극적으로 집행했다.

그는 600만명의 유대인을
열차에 태웠다며
자랑하기도 했다.

아렌트는 아이히만의 재판이 이스라엘에서 열린다는
소식을 듣고, 〈뉴요커〉의 특별 취재원을 자청하여 재판에
참관하게 된다. 재판은 1961년 4월 11일에 시작되었다.

한나 아렌트의
이 시기를 다룬
영화도 있지.

HANNAH ARENDT

아이히만은 15개의 죄목으로 기소되었다.
아이히만은 끝까지 자신의 죄를 인정하지 않았다.
그는 그저 자신의 임무에 충실했을 뿐이라고 항변했다.

아이히만은 히틀러가 지배하던 시기엔 나치의 법률에
복종하는 게 당연한 의무라고 주장했다. 그는 칸트의 정언명령을
거론하며, 법에 따른 자신의 의무를 변호하기도 했다.

아이히만의 재판을 지켜보던 아렌트는 중요한 사실을
깨달았다. 사람들이 예상한 것과는 달리 그는 병리적인
미치광이라거나 피에 굶주린 악마가 아니었다.

정신과 전문의들이 아이히만의 정신 상태를 감정하기도 했지만, 결과는
정상이었다. 심지어 그는 선량하고 근면하며 가정적인 시민이기도 했다.

아렌트는 아이히만이 사용하는 언어에 주목했다. 그의 언어는 나치가 쓰는
상투적인 표현과 관청에서 사용하는 행정적인 언어로 채워져 있었다.

예를 들어, 학살이란 표현 대신 '최종 해결책'이란 단어를 사용하는 식이었다.

인간의 사유는 언어로 이루어진다. 아이히만이 사용하는 언어는 그의
사고방식을 그대로 드러내 보였다. 아렌트가 보기에 아이히만은 생각하는
능력 없이, 나치에 대해 맹목적으로 복종하는 평범한 인간이었다.

아이히만은
1962년 5월에
교수형에 처해졌다.

아이히만은 임무의 효율성과 자신의 출세만을 생각했던 인간이었다. 아렌트가 보기에 그는 자신이 하는 일에서 선과 악을 구별하지 못했고, 의무와 복종을 구분하지 못했다.

'다른 사람의 처지를 생각할 줄 모르는 생각의 무능이 말하기의 무능을, 말하기의 무능이 행동의 무능을 낳는다.'

아렌트는 아이히만의 재판 과정을 관찰한 결과로 〈예루살렘의 아이히만〉을 출간했다. 이 책에서 아렌트는 사유의 불능이 악으로 이어졌다고 설명하며, '악의 평범성'이라는 개념을 제시했다.

〈예루살렘의 아이히만〉은 많은 논란을 일으켰지.

(Milgram Experiment)

심리학자 '스탠리 밀그램'은 아렌트의 이론에 착안하여, '권위에 대한 복종 실험'을 고안했다.
피실험자는 학생 역할을 맡은 사람이 문제를 틀릴 때마다 전기 충격을 가하도록 지시받았다.

실험 참가자는 학습에
미치는 효과를 알아보는
실험이라고 알고 있었다.

밀그램은 모든 결과는 자신이 책임지겠다고 이야기했고, 실험자의
권위에 복종하라고 명령했다. 실험 결과는 놀랍게도, 무려 65%의
피험자가 전기 충격의 최대치인 450V까지 전압을 높였다.

학생 역할을 맡은 배우가
비명을 지르고, 고통을 호소하고,
기절까지 했는데도 말이다.

물론 충격 기계는
가짜였다.

실험에 참가했던 이들은 모두 평범하고, 양심적인 사람들이었다고 한다.
밀그램의 실험은 잔혹한 행위라도 권위적인 지시가 계속되면,
생각 없이 명령에 복종하기 쉽다는 것을 보여주었다.

프랑스의 사상가이자 시인인 폴 발레리는 '생각한 대로 살지 않으면
사는 대로 생각하게 된다.'라는 말을 남겼다. 이 말에 괜히 뜨끔한 걸 보면,
그동안 나도 그렇게 치열하게 생각하며 살아온 것 같진 않다.

아렌트에게 '사유'란, 적대적으로 의심해보는 비판적 사고와
타인의 처지를 생각해보는 상상력을 의미한다. 이러한 사유의
불능이 맹목적인 지시에 따른 기계적인 행동과 결합하여
악이 된다는 것이 아렌트가 말하는 악의 평범성이다.

혹시 내가 아무 생각
없이 하는 일 중 어떤
일이 악은 아닐까?

지속적인 사유는 피곤하다. 그렇지만 어쩌다 한 번씩이라도 자신을
돌아보며 숨어있는 악마를 내쫓아야 한다. 아렌트는 말한다. '멈춰서
생각해보라. 누구도 하던 일을 멈추지 않는 한 생각에 잠길 수 없다.'

나는 지금
생각해야 해.

꿈뻑
꿈뻑

근데
왜 이렇게
피곤하지..?

왜냐하면
생각해야
하니까.

21

아는 것이 힘? 아는 것이 힘!

미셸 푸코

•1926 – 1984•

Michel Foucault

지식과 권력의 구조를 예민하게 파악한 구조주의자
혹은 포스트 구조주의자

내가 책을 좋아하고, 지식을 추구하는 이유는 단순하다.
허영과 호기심 때문이다. 독서는 소박한 취미일 뿐, 지식이
나에게 특별한 무언가로 작용할 거라곤 생각하지 않았다.

16-17세기 영국 철학자 프랜시스 베이컨은 '아는 것이 힘'이라고
말했다. 베이컨은 인간이 지식을 통해 권위로부터 해방된다고 믿었다.

20세기 프랑스 철학자 미셸 푸코도 '아는 것이 힘'이라고 이야기했다.
하지만 푸코는 인간이 지식을 통해 권력으로부터 예속된다고 보았다.

Michel Foucault
〈1926-1984〉

1926년 상류 부르주아 의사 집안에서 태어난 푸코는, 을씨년스러운
학창 시절을 보냈다. 보통의 철학자들과 마찬가지로 어려서부터 총명하고
뛰어났지만, 자살을 시도하기도 하고 정신병원에 입원하기도 했다.

푸코는 교사 자격증을 취득한 이후, 스웨덴으로 건너가
웁살라 대학에서 강사 생활을 했다. 이 시기에 박사
학위를 위해 집필한 저작이 <광기의 역사>란 논문이다.

푸코는 스웨덴에서
적극적이고 세련된
사람으로 변했다고 한다.

<광기의 역사>는 '광인'이라는 개념이 만들어지고 알려진 과정을
고고학적인 방법으로 추적한 책이다. 이 책에서 푸코는 '어떤 것이
광기인가'를 묻지 않고, '무엇이 광기를 규정했는가'를 따진다.

광기에 대한 규정은
시대마다 다르지.

푸코에 따르면, 르네상스 시대까지 광인은 고유한 사회적 역할을 담당하는 자유로운 존재였다. 하지만 17세기엔 야수로 규정되어 구빈원*에 감금되었고, 19세기에 이르자 정신 질환으로 분류되어 치료의 대상으로 취급되었다.

저 사람은 비이성적이야.

정상이 아니지.

* 17~19세기 영국에 있던 빈민 시설. 고아나 정신 질환자, 범죄자도 수용했다.

푸코는 이런 식으로 광기를 분류하고 통제한 것은 절대화된 '근대 이성' 이라고 생각했다. 독단적인 이성주의는 비이성을 잘못된 것, 비정상으로 규정하였고, 이성이 아닌 것을 억압하여 배제했다는 것이다.

'광기란 역사의 문제이며 이성은 우리를 조용히 혹사시켰다.'

사물에 대한 지식은 담론으로 이루어진다. 푸코는 한 사회를 지배하는
담론이 지식을 규정한다고 보았다. 즉, 한 시대의 공통된 지식의 토대,
무의식적 인식의 틀이 존재하고, 이를 '에피스테메(Episteme)'라고 불렀다.

같은 대상을 두고도,
시대마다 사람들의 사고방식이
달라지는 건 시대마다 다른
에피스테메 때문이지.

일반적으로 지식의 담론은 어떤 목적을 향해 연속적으로 발전한다고
생각하지만, 푸코는 그렇지 않다고 생각했다. 각 시대의 담론은
단절되어 있으며 발전하는 게 아니라 달라질 뿐이라는 이야기다.

근대적 '인간'의
개념도, 곧 사라질
개념이다.

1970년 푸코는 콜레주 드 프랑스 연구소의 교수가 되었다.
이때부터 그는 자신의 연구 방법이었던 고고학을 보완하여 '계보학적 방법'을 내세웠고,
계보학을 적용하여 1975년에 〈감시와 처벌〉을 출간했다.

계보학적 방법이란 어떤
자명한 관념에 감춰진
배경, 조건, 구조 등을
탐구하는 방법론이다.

'감옥의 역사'라는 부제가 붙은 〈감시와 처벌〉에서 푸코가 관심을
가졌던 주제는 '권력'이었다. 푸코는 '파놉티콘(Panopticon)'이라는
감옥의 건축 양식을 통해 권력의 작동 방식을 설명한다.

파놉티콘을 최초로
고안한 사람은 공리주의의
창시자인 벤담이다.

파놉티콘은 감시자가 원형 감옥의 중앙에서 모든 수감자를
감시할 수 있지만, 수감자는 감시자를 확인할 수 없는
구조로 되어있다. 따라서 수감자는 항상 감시당하고 있음을
의식하게 되고, 스스로 자신의 행동을 통제하게 된다.

푸코에 의하면, 파놉티콘의 원리는 감옥뿐 아니라 사회
전반에 걸쳐 작용하며, 근대 사회에선 '규율'을 통해
사람들이 자신의 행동을 스스로 통제한다. 과거의 권력은
육체를 억압했지만, 현대의 권력은 신체를 길들인다.

군주 시대 범죄자는 처형되었지만, 18세기 말에 이르러
범죄자의 처벌 방식은 '훈육'으로 바뀌었다. 훈육을 통해
인간을 교련하고 개조할 수 있다는 인식이 생겼고, 권력은
인간의 신체를 통제하고 조절하는 방식으로 작용하게 되었다.

푸코는 이를
'생체권력'이라고
부른다.

여기서 푸코가 말하는 권력의 개념은 공적인 정치권력뿐 아니라,
일상에서 작용하는 사적인 미시권력을 포함한다. 푸코는 '미시권력'에 주목하며,
권력은 개인이나 집단이 소유하고 독점할 수 있는 개념이라기보다
사회 전체에 퍼져 있는 섬세한 그물이라고 말한다.

푸코의 '권력'은
'힘'에 가까운
개념이다.

푸코는 권력의 행사에는 반드시 지식이 필요하다고 생각했다.
권력과 지식은 서로 맞물려 있다. 예를 들어, 광인을 정신
병원에 감금하려면 정신병리학이라는 지식이 필요하다.

이런 식의 예도 들 수 있다. '모범적인 시민상'이라는 규범적
담론이 만들어지면, 사람들은 모범적인 시민이 되기
위해 자발적으로 노력함으로써 권력이 작동한다.

말년의 푸코는 '권력 바깥의 세계'로 나오기
위해 노력했다. 지배적인 담론에 의존하지 않고,
주체적으로 생존할 수 있는 실마리를 탐구한 것이다.

'권력의 작용 방식을 폭로한 나의 사색은, 거꾸로 권력의 배치
내에서 권력을 강화하는 형태로 수행되는 것은 아닐까. 그렇다면
권력관계의 밖에서 사고하는 가능성을 모색하지 않으면 안 된다.'※

※ 발리스 듀스 지음, 남도현 옮김, 「그림으로
이해하는 현대사상」, 개마고원, 2002, p265

푸코는 이 문제를 해결하기 위해 '자기에 대한 관계'를 연구과제로
삼고, 성(性)의 윤리를 단초로 4권으로 기획된 〈성의 역사〉를 출간했다.
그는 신체를 통해 자기 자신을 예술작품으로 창조함으로써 지식과
규범에서 벗어날 가능성을 제시했지만, 논의를 끝까지 매듭짓지 못했다.

푸코는 1984년
에이즈로 인한
합병증으로 인해
사망했다.

푸코에게 지식이란 권력이었으며, 인간의 사고는
권력에 예속되어 있다고 생각했다. 과연 인간은 지식과
권력으로부터 벗어나 자유롭게 사고할 수 없는 걸까?

구조를 해방하려는 거대한 시도는, 다른 위대한 철학자에게
맡기는 편이 인류를 위해 이로울 것 같다. 여기서 나의 역할은 권력의
감옥 속에서 자신이 할 수 있는 일을 곰곰이 생각해보는 것뿐이다.

만약, 지식과 권력의 분리가 불가능하고 인간이 권력에 종속되어
생각할 수밖에 없다면, 현실적으로 우리에게 요구되는 건
지식을 가진 개인 권력자의 '윤리'라는 생각이 든다.

지식과 권력이 존재로서 불가분의 관계라면,
지식과 윤리는 당위로서 불가분의 관계가 되어야 한다.
아는 것이 힘이고, 지식이 권력이다. 스파이더맨의
삼촌이 말했듯이, 힘에는 책임이 따르는 법이니까.

22

나는 나를 해체할 권리가 있다

자크 데리다

1930-2004

Jacques Derrida

서양 철학사의 기본 개념을 해체함으로써
모두를 어리둥절하게 만들었던 창조적 파괴자

막 철학책을 읽기 시작했을 땐, 모든 철학자의 이론이 교과서처럼 도식적으로 명확하게 정리되어 있는 줄 알았다. 어떤 사상에 대한 일관된 해석이 존재한다고 생각했고, 그렇기 때문에 비슷한 책 몇 권 읽으면 어렵지 않게 이해할 수 있을 줄 알았다.

비교할 텍스트가 늘어나면서 가장 난감했던 점은 동일한 주제를 책마다 다르게 해석하는 부분이었다. 이를테면 '악의 평범성'이라는 개념을, 그러므로 모두가 악마일 수 있다고 말하기도 하고, 그렇다고 모두가 악마는 아니라는 이야기도 한다.

흩어져 있는 철학자의 사상을 고정된 하나의 해석으로 통일할 순
없을까? 알제리에서 태어난 프랑스 철학자이자 포스트모더니즘의
대표 주자인 자크 데리다는 이 물음에 이렇게 충고했을 것이다.

불변의 완전한
해석이란 없다. 해석은
무한한 과제다.

Jacques Derrida
1930 - 2004

데리다는 현대 철학에서 가장 논쟁적인 인물로, 찬사와 비난을 동시에
받았다. 일례로 케임브리지 대학에서 데리다에게 명예박사 학위를
수여하기로 하자, 투표로 결정하는 해프닝이 벌어지기도 했다.

찬성하는 분?

반대!

찬성!

반대!

찬성!

투표는 336대 204로
학위 수여가 결정되었다.

데리다는 프랑스에서 살고 프랑스에서 죽었지만, 알제리 출신의 이방인이었다. 프랑스 주류 지식인 사회에선 데리다를 인정하지 않았고, 프랑스 공립 대학교는 그에게 어떤 자리도 내주지 않았다.

그래서 세계적인 명성을 얻었음에도 아웃사이더 의식이 있었다고 한다.

...

대중에게 데리다의 사상으로 가장 널리 알려진 것이 '탈구축' 또는 '해체주의'라고 알려진 개념이다. 해체주의를 어떻게 해석하느냐에 따라, 데리다의 추종자가 되기도 하고 적대자가 되기도 한다.

해체? 뭘 해체한다는 거지?

데리다가 해체의 대상으로 삼은 것은 기존의 전통적인
형이상학이었다. 그는 서양 철학사를 비판하며, 지금까지의
사상과 저작은 '로고스 중심주의'였다고 이야기한다.

로고스(Logos)의 어원은
'말하다'에서 나왔으며,
일반적으로 언어, 논리,
이성 등을 뜻한다.

데리다에 따르면, 로고스는 세계를 이원론적 질서로 배치했다.
남과 여, 서양과 동양, 진실과 거짓, 정신과 육체 등의
이항대립으로 나눈 뒤, 가치를 평가하여 수직적으로 줄 세웠다.

남자는 여자보다
뛰어나고, 육체는
정신보다 열등하다는
식이었다.

데리다는 계몽주의로부터 유래한 서양 문명의 왜곡된
편향을 지적하며, 특히 '음성 중심주의'를 문제 삼았다.
그동안 서양 철학은 '글'보다 '말'이 순수하고
우월하다고 생각하여, 글을 무시하고 억압해왔다.

로고스는 음성 언어를 내면의 순수한 목소리이자, 말하고자
하는 이상적인 의미가 담겨있다고 간주해왔다. 다시 말해,
음성 언어는 진리의 현전을 그대로 드러낸다는 것이다.

데리다는 고대 그리스 철학자로부터 이어진 말과 글의
위계를 해체하기 위해 언어를 연구했다. 글에 대한 고찰은
언어의 의미로 연결되어 '차연'이란 개념으로 이어졌다.

데리다는 언어의 의미란 '차이'에 의해 규정되며, 동시에
확정되지 않고 끊임없이 미끄러져 '지연'된다고 생각했다.

언어가 전달하려는 의미의 원본, 즉 '기원'은 문자라는 '흔적'으로
표현된다. 흔적은 기원을 '대리'하고 '보충'하지만, 순수한
기원은 무한히 연기되어 결코 드러나지 않는다는 것이다.

그러므로 언어의
의미를 확정적으로
결정하는 것은
불가능하다.

가능한
개념이라는 것은
언제나 불가능한
개념이지.

따라서 언어, 즉 텍스트는 그 자체로 완결된 것이 아니라
차연을 통해 무한한 의미가 열려있다. 텍스트의 해석은
해석자의 경험과 상황에 따라 다른 방향으로 이루어진다.

이 영화는 꿈을
이루려면 무조건 열심히
하라는 이야기야.

이 영화는 예술과
윤리 사이의 아이러니를
다룬 이야기군.

데리다가 말하는 텍스트는
문자뿐만 아니라, 음악,
그림, 사건, 정황 등을
아우르는 넓은 의미다.

데리다는 맥락에서 의미를 찾을 수 있다고 생각하지 않았으며,
나아가 저자의 의도조차 절대적인 해석이 될 수 없다고 생각했다.
텍스트 외부에서 텍스트의 의미를 설명해주는 구조는 없다.
그렇기 때문에 데리다는 〈그라마톨로지(Grammertology)〉에서 이렇게 말했다.

데리다는 2004년에 췌장암으로 눈을 감았다.
데리다가 사망하자 《뉴욕타임스》는 그를 난삽한 이론가로
소개하며 신랄하게 비판하는 기사를 냈다.
과연 우리는 데리다의 이론을 어떻게 받아들여야 하는 걸까?

데리다는 단 하나의 고정된 진리를 거부했고, 모든 규정은 잠정적일 뿐이라고 선언했다. 데리다는 해체를 통해, 이원론적 계층 질서를 부정함으로써 타자의 경계를 허물고자 했다.

해체 작업의 목적은 파괴가 아니다. 데리다는 해체를 통해, 로고스의 울타리 밖에서 소외된 개념에 주목하라고 요구한다. 로고스에 의해 독단적으로 규정했던 개념을 해체하고, 규정되지 않았던 가능성을 열어두자는 것이다.

누군가에 대해 아무리 많은 사실을 알고 있더라도, 그 사실의 총체가 그 대상의 모든 것을 말해주진 않는다. 그렇기 때문에 데리다에게 사랑이란 어떤 대상을 안다고 규정하는 것이 아니다. 오히려 아무것도 모르는 것처럼 새로운 사실을 꾸준히 추구해나가는 것이다.

대상을 규정으로 가두지 말고 가능성으로 열어두란 이야기구나.

고대 그리스의 철학자 소크라테스는 결코 진리를 설파하지 않았다. 소크라테스는 문답을 통해 우리가 알고 있는 진리가 정말 확실한지, 맹목적으로 믿고 있는 믿음이 진짜 타당한가를 집요하게 따졌다.

나는 내가 아무것도 모른다는 사실만 안다.

소크라테스는 고정된 지식과 독단적 믿음을 해체함으로써
사람들의 정신을 뒤흔들었고, 신을 믿지 않고, 젊은이를 타락시켰다는
이유로 사형을 선고받았다. 물론, 모든 관념을 의심한다면 혼돈에
빠질 것이다. 하지만 모든 생각을 받아들인다면 질서에 갇힐 것이다.

소크라테스에서 데리다에 이르기까지, 결국 철학이라는 것은
우리가 안다고 생각하는 것, 맞다고 기대하는 것이 과연 타당한가를
끊임없이 의심하고 회의하는 것이다. 그렇기 때문에 나에게
철학이란 정보나 지식이라기보다, 태도나 스타일에 가깝게 느껴진다.

철학이라는 폭풍이 휘몰아쳤고, 파도가 높게 춤췄다.
이것을 어떻게 해석할지는 각자에게 달려있다.

<지적 허영을 위한 퇴근길 철학툰>은 서양 철학사에 관한 불완전한 흔적이며,
나 자신의 거친 일렁임이다. 독자들은 이 책을 어떻게 읽었을까?
해체적 독해를 인정한다면, 사람마다 다르게 받아들였을 것이다.
어쩌면 책을 읽는다는 것은 자신을 읽는 것이며 책을 쓴다는 것은 자신을 쓰는 것은 아닐까?

FIN.

✦ 작가의 말 ✦

누군가 철학을
좋아하냐고 묻는다면,

자신 있게 그렇다고
대답할 것이다.

하지만 가장 좋아하는 학문이 철학이냐고 묻는다면,
그건 아니라고 대답할 것이다.

철학에 관심이 많은 건 사실이지만, 철학 지식을
줄줄 꿰고 있다거나, 철학 없이 못 산다거나
철학책만 읽고 싶은 건 아니기 때문이다.

게다가 이 책을 위해 몇 개월 동안 철학책만 읽었더니
당분간 철학은 멀리하고 싶은 게 당장의 솔직한 심정이다.

철학책의 저자가 사실은 철학을 가장 좋아하지도 않으며
한동안 철학 관련 도서는 피하고 싶다고 하니
독자로서 속았다는 기분이 들지도 모르겠다.

그래서 작가의 말은 책의 맨 뒷부분에 넣기로 했다.

출판 계약이 확정되고, 책 작업을 핑계로
서양 철학 관련 도서를 마음껏 샀다.

철학을 가장 좋아한다고 자신 있게 말하진 못하지만
철학책을 사는 건 아주 좋아한다고 자신 있게 말할 수 있다.

물론 구매한 책을 다 읽진 못했다.
몇 권 읽긴 했으나, 사실 그마저도 기억나지
않으니 전혀 읽지 않은 것이나 다름없다.

어느 지식인은 자신의 저서에서
비독서의 미덕을 강조하며 이렇게 주장했다.
"도서문화의 요체는 책을 '읽는' 게 아니라 책을 '사는' 데에 있다."

그러므로 중요한 것은 책을 사는 것이다.
책은 훌륭한 인테리어 소품도 된다.

특히, 철학책은 더욱 멋지다.
이 책도 그렇다. 아마도.

강성률 지음, 《서양철학사 산책》, 평단, 2009

남경태 지음, 《개념어 사전》, 들녘, 2006

남경태 지음, 《사람이 알아야 할 모든 것 : 철학》, 들녘, 2007

남경태 지음, 《한눈에 읽는 현대철학》, 황소걸음, 2001

노에 게이치 지음, 이인호 옮김, 《과학 인문학으로의 초대》, 오아시스, 2017

니콜라스 펀 지음, 이동희 옮김, 《니콜라스의 유쾌한 철학 카페》, 해냄, 2005

데릭 존스턴 지음, 김영희 옮김, 《철학 지도 그리기》, 지식나이테, 2007

데이비드 스미스 지음, 필 에번스 그림, 권예리 옮김, 《만화로 보는 마르크스의
    자본론》, 다른, 2015

마이클 샌델 지음, 이창신 옮김, 《정의란 무엇인가》, 김영사, 2010

박일호·송하석·정재영·홍성기 지음, 《철학의 숲, 길을 묻다》, 풀빛, 2011

박일호·송하석·정재영·홍성기 지음, 《철학의 숲, 길을 열다》, 풀빛, 2012

발타자르 토마스 지음, 이지영 옮김, 《비참할 땐 스피노자》, 자음과모음, 2013

버트런드 러셀 지음, 서상복 옮김, 《러셀 서양철학사》, 을유문화사, 2019

버트런드 러셀 지음, 이명숙·곽강제 옮김, 《서양의 지혜》, 서광사, 1990

브라이언 매기 지음, 박음미 옮김, 《사진과 그림으로 보는 철학의 역사》, 시공사,
    2002

빌헬름 바이셰델 지음, 안인희 옮김, 《철학의 에스프레소》, 밀리언스마일북스,
    2009

서용순 지음, 《청소년을 위한 서양철학사》, 두리미디어, 2006

안광복 지음, 《처음 읽는 서양 철학사》, 웅진지식하우스, 2007

알랭 드 보통 지음, 정명진 옮김, 《젊은 베르테르의 기쁨》, 2002

오가와 히토시 지음, 노경아 옮김, 《청춘을 위한 철학 에세이》, 아름다운사람들,
    2013

오가와 히토시 지음, 황소연 옮김, 《곁에 두고 읽는 서양철학사》, 다산에듀,
    2015

요슈타인 가아더 지음, 장영은 옮김, 《소피의 세계》, 현암사, 1996

우치다 타츠루·이시카와 야스히로 지음, 김경원 옮김, 《청년이여, 마르크스를
　읽자》, 갈라파고스, 2011

우치다 타츠루 지음, 이경덕 옮김, 《푸코, 바르트, 레비트로로스, 라캉 쉽게 읽
　기》, 갈라파고스, 2010

윌 버킹엄 외 지음, 이경희·박유진·이시음 옮김, 《철학의 책》, 지식갤러리, 2011

이동희 지음, 《세상에서 가장 흥미로운 철학 이야기》, 휴머니스트, 2010

프레드 반렌트 지음, 라이언 던래비 그림, 최영석 옮김, 《만화로 보는 지상 최대
　의 철학 쑈》, 다른, 2013

한스 요아힘 슈퇴리히 지음, 박민수 옮김, 《세계 철학사》, 이룸, 2008

후지사와 고노스케 지음, 유진상 옮김, 《철학의 즐거움》, 2010